的にアップする！

ーフレーズ 40

×3 目は ります	4 / 一言 キャッチフレーズ 一言でいうと	5 / つまり結論 つまり
法 では その後、 ついて します	9 / Why背景 なぜかと申しますと	10 / 事実&意見 事実と意見に分けて 述べさせていただくと
ションエント …と のですが、 しょうか？	14 / 本質立ち返り そもそも	15 / 単純化 わかりやすく言うと
クリアリンク 現状を させて だくと	19 / テーマ設定 本日のテーマは 〇〇で、考えて いただきたいことは、 △と□の2点です	20 / ダブル側面返し 大きく分けて 2つの側面が あるかと思います

すぐに使えて、説明力が劇

超実践的キラー

21／5バレット設定

今回
お伝えしたいことは、
全部で5つです

22／一点撃破

今日は〇〇に
ついてのみ、
お話ししたいと
思います

23／弱点

〇〇
欠点があ
改善可

26／イグザジャレイト

極端に考えますと

27／逆転思考

あえて逆に
考えてみましょう

28／東京

これは
〇個
大きさ（広

31／定量＆定性

定量的には～、
定性的には～

32／示唆出し

ここから
言えることと
しましては

33／コス

コス
パフォーマ
考え

36／一点撃破（行動特化バージョン）

やるべきことを
1つだけ
挙げるとすると

37／極端想定

最高の
ケースとしては～、
最悪の場合は～

38／100

まさ
おっしゃる

的にアップする！

ーフレーズ 40

という
りますが、
能です

24 / ギャップ埋め立て

このギャップを
埋めるために

25 / 先回りアンサー

最初に
お断りしておきますが

□□の
分の
さ、数）です

29

成功パターンは
○○、
失敗パターンは
△△です

30

専門家も
そう言っています

ト・
ンス的に
ますと

34 / 数字比較

A案を1とすると、
B案は
少なく見積もっても
○○以上です

35

相手の立場で
考えると

に
通りです

39 / ちょっとコメント

あえて少しだけ
補足させてください

40 / 意図要約

ご質問の
意図としては、
○○ということで
よろしいでしょうか？

すぐに使えて、説明力が劇

超実践的キラ

1 / 結論ファースト

結論から
申し上げると

2 / 例示

たとえば

3 / 理由

理由
3つあ

6 / グタイグタイ

具体的には

7 / 数字マジック

まずは
こちらの数字を
ご覧ください

8 / SDS

まず
概要、
詳細に
ご説明

11 / クッキー表現

ざっくり言うと

12 / Talk Straight

率直に
申し上げまして

13 / クッ

……
私は思う
いかがで

16 / 換言

別の言い方をすると

17 / 直前議論リフレクション

前回の
振り返りですが

18 / 現状

まず現
整理
いた

できる人の話し方、
その見逃せない法則

損する説明 得する説明

伊藤祐

SB Creative

伝わらない、まとまらない、答えられない……

一生懸命説明をしているときに、相手から「？？？」と微妙な表情をされたことはありませんか？

上司から「で、いったい何が言いたいの？」と言われたことはありませんか？

いつもちゃんと説明しているのに、「言いたいことが伝わらない！」と歯がゆい思いをしていませんか？

もし1つでも当てはまるようであれば、本書は確実にあなたの役に立つことでしょう。**本書でこれから紹介する説明メソッドを実践することで、今日からあなたは説明上手に変身することができます。それだけでなく、上司や同僚、お客さまからの印**

象、評価、成果を劇的に180度好転させることができるのです。

はじめまして、伊藤祐《たすく》と申します。私は現在、株式会社Zenyum Japan（ゼニュムジャパン）という外資系企業の日本法人社長をしています。今でこそ、本社の経営陣への業績報告、日本の取引先やお客さまへのプレゼン、社員との会議やミーティング、また時には、ビジネスパーソン向けのセミナー講師まで、日々、説明力が求められる業務をこなしている私ですが、元々は子供の頃から人見知りかつ内向的、説明なんてもってのほかの口下手な人間でした。

そんな私が大学卒業後、うっかり入社してしまったのが、外資系コンサルティングファーム。そこで私は自分の「説明力の無さ」に絶望することになります。同期たちが、ついこの前まで私と同じ学生であったとは思えないほどの高い説明力を駆使し、上司や先輩はもちろん、お客さまからの信頼を勝ち得ていく中、私はプレゼンはおろか、会議や上司への業務報告といった基本的な説明でさえも人並みにこなすことができなかったのです。

伝えたいことはあるのです。意見や考えだってあります。でも、私の説明を聞いた上司や先輩は、眉間《みけん》にしわを寄せながら、決まって「で、いったい何が言いたいの？」「ちょっとよくわからないからもう一度整理してきて」と言ってイライラした顔をするのです。

そんな状況ですから、なかなか仕事も任せてもらえません。他の同期たちが1人でお客さまにヒアリングをしたり、分析結果をプレゼンしている中、コピー取りや資料作成など、雑用にも近い付加価値の低い仕事ばかりを忸怩《じくじ》たる思いで処理していました。

そんな自分を変えたくて、書店に行き、「説明力」「説明上手」に関する本を買い集めて読んだりもしましたが、残念ながら「すぐに説明が上手くなる」こともなく、「説明が苦手な自分はきっとコンサルタントに向いていないんだ……」と途方に暮れる毎日を過ごしていました。

説明上手な人が〝口ぐせ〟のように使っているフレーズがある

そんな私の転機になったのは、ある上司との出会いでした。その上司は決してすごく話し上手というタイプではありませんでした。でも、彼の話は驚くほどわかりやすく、簡潔で、スマートなのです。どんなややこしい案件でも、またどんな厄介な相手でもスムーズに話を進め、経営層やお客さまから「あの人が言うことはいつもわかりやすく、正しいね」と高い評価を得ていました。

その上司のそばで仕事をするうちに、「私もこの人のようになりたい。いつまでも説明下手で損するばかりの人生はイヤだ！」と思った私は、その上司から少しでも説明の技術を盗もうと、彼の言動を常に観察してみることにしたのです。また、彼だけではなく、同僚や上司、お客さまなど、「この人は説明が上手だな、説得力があるな」と感じた人の説明の仕方も細かく観察するようになりました。

そんなある日、私はあることに気づいたのです。それは**「説明が上手な人が共通して、いつもログセのように使っているフレーズがある」**ということです。

彼らはミーティングでよく「結論から申し上げると」という言葉を使っていました。また会議では「前回の振り返りですが」というフレーズや「こちらの数字からご覧ください」「そもそも」というフレーズを必ず使っていました。お客さまへのプレゼンでは「別の言い方をすると」や「理由は3つあります」というフレーズをみなよく使っていたのです。

そして不思議なことに、そのフレーズを使うことで、彼らの説明がとてもわかりやすく、的確に聞こえるのです。たとえ難しそうな提案でも、彼らがそのフレーズを使って話すことで、もっともらしく聞こえ、説得力も増していたのです。会議で議論が停滞していたとしても、彼らがそのフレーズを使って話しだすと、こんがらがった情報が整理され、議論がスムーズに進みだすのです。

そう、説明上手な人たちは特別なことを話しているわけでも、難しいテクニックを駆使しているわけでもなく、**「話が伝わりやすく、説得力が増すフレーズ」**を要所要所にちりばめ、それにより「説明が上手い」という評価を得ていたのです。

説明下手だった私が説明上手になれた

このことに気づいた私は、彼らが使用しているフレーズを積極的に真似してみることにしました。その結果、驚くべきことが起こりました。話している内容はいつもと同じであるにもかかわらず、上司や先輩から「で、結論は何なの？」「もう少しわかりやすく言ってくれない？」と言われることが激減したのです。それどころか、逆に

「伊藤さんの話はいつもわかりやすいね」「説明が上手くてうらやましいです」と言われることが増えていったのです。

その劇的な変化には我ながら耳を疑い、戸惑うほどでした。繰り返しますが、話している内容は何も変わっていません。また、説明の技術をなにか学んだわけでもありません。やったことは説明上手な人がいつも使っている口グセのようなフレーズを真似しただけ。たったそれだけで、説明下手だった私が説明上手になれたのです。

さらに驚かされたのは、このキラーフレーズを実践していると、**説明上手になれるだけでなく、頭の中も整理され、思考力もアップする**のです。「結論から申し上げると」と言うことで、結論から考えるクセがつきます。「理由は3つあります」と言うことで、常に「根拠は何か？」を考える習慣が身につきますし、「そもそも」を口グセにすることで、物事の本質を考えるクセがつくのです。

つまり、このキラーフレーズは使えば使うほど、説明力はもちろん思考力もアップし、思考力がアップすることでさらに説明力がアップするという好循環を生み出すという利点もあったのです。

その後の私ですが、コンサルティングファームから転職した後、スタートアップでの戦略企画室長を経て、外資系企業の日本法人社長になるなど、仕事の範囲を広げることに成功しました。そして、どの現場でも武器になったのは、あの新卒時代に培った「説明力」であり、それを支える「キラーフレーズ」だったのです。

今では「話がわかりづらい」と言われることはまったくなくなりました。むしろ、あれだけ苦手だった説明が、今では強力な武器となっています。

あなたの印象・評価・成果は180度好転する！

説明力は、あなたが思っているよりも簡単に身につけることができます。ただし、その身につけ方にはコツがあります。いろいろな理論や理屈を勉強するだけでは、残念ながら説明力は向上しません。そんなことをしていても、これからも**「損する説明」**をし続けることになるだけです。

そのような「説明下手で損をしている人」を救うために、今回、これまで私が数千人の説明上手な人から学び、自ら実践して検証してきた効果抜群のキラーフレーズをシェアしたいと思います。数ある中から40個厳選し、使用例と合わせて紹介します。

ぜひ、「説明上手な人が共通して使っているキラーフレーズを把握する」→「実際に日々の仕事の中でキラーフレーズを使った説明をしてみる」という2ステップを実践してみてください。

まずは本書をパラパラとめくって、気になったもの、使いやすそうなもの1つからでもかまいません。難しいことは考えず、「キラーフレーズの学習⇔日々の仕事での実践」を愚直に繰り返していくのです。これを実践するだけで、あなたは**「得する説明」**を体得することができ、今までのものとは段違いの評価を他の人から得ることができます。

せっかく毎日しっかり仕事をこなし、成果を出し続けているにもかかわらず、「損する説明」を続けているせいで他者からの印象が損なわれてしまい、その結果、評価につながらない人を今までたくさん見てきました。かつての自分もそうだったので、その悔しさはすごくよくわかります。あなたはすでに一生懸命努力しています。あとは「損する説明」から「得する説明」ができる人になるだけで、正当な評価を得ることができるのです。

そして、「得する説明」ができるようになったあなたのことは、周りが放っておきませんね。あなたが現在抱えている悩みが一気に解決するのはもちろん、今まで想像もしていなかった圧倒的な成果を手に入れることができます。ぜひここから、一緒に「得する説明の学習&実践」を進めていきましょう！

得する説明 損する説明――できる人の話し方、その見逃せない法則 目次

はじめに 3

1 結論ファースト 結論から申し上げると 18

2 例示 たとえば 24

3 理由×3 理由は3つあります 30

4 一言キャッチフレーズ 一言でいうと 36

5 つまり結論 つまり 42

6 グタイグタイ 具体的には 48

7 数字マジック まずはこちらの数字をご覧ください 54
8 SDS法 まずは概要、その後、詳細についてご説明します 60
9 Why背景 なぜかと申しますと 66
10 事実&意見 事実と意見に分けて述べさせていただくと 72
11 クッキー表現 ざっくり言うと 78
12 Talk Straight 率直に申し上げまして 84
13 クッションエンド ……と私は思うのですが、いかがでしょうか？ 90
14 本質立ち返り そもそも 96
15 単純化 わかりやすく言うと 102

16
換言
別の言い方をすると
108

17
直前議論リフレクション
前回の振り返りですが
114

18
現状クリアリング
まず現状を整理させていただくと
120

19
テーマ設定
本日のテーマは〇〇で、
考えていただきたいことは、△と□の2点です
126

20
ダブル側面返し
大きく分けて2つの側面があるかと思います
132

21
5バレット設定
今回お伝えしたいことは、全部で5つです
138

22
一点撃破
今日は〇〇についてのみ、お話ししたいと思います
144

23
弱点暴露
〇〇という欠点がありますが、改善可能です
150

24
ギャップ埋め立て
このギャップを埋めるために
156

25 先回りアンサー 最初にお断りしておきますが 162
26 イグザジャレイト 極端に考えますと 168
27 逆転思考 あえて逆に考えてみましょう 174
28 東京ドーム法 これは□□の○個分の大きさ（広さ、数）です 180
29 パターン抽出 成功パターンは○○、失敗パターンは△△です 186
30 トラ威借りキツネ 専門家もそう言っています 192
31 定量&定性 定量的には〜、定性的には〜 198
32 示唆出し ここから言えることとしましては 204
33 コスパ至上主義 コスト・パフォーマンス的に考えますと 210

34 数量比較 A案を1とすると、B案は少なく見積もっても○○以上です 216
35 先方憑依 相手の立場で考えると 222
36 一点撃破（行動特化バージョン） やるべきことを1つだけ挙げるとすると 228
37 極端想定 最高のケースとしては～、最悪の場合は～ 234
38 100パー同意 まさにおっしゃる通りです 240
39 ちょっとコメント あえて少しだけ補足させてください 246
40 意図要約 ご質問の意図としては、○○ということでよろしいでしょうか？ 252
おわりに 258

得する説明　損する説明

できる人の話し方、その見逃せない法則

結論ファースト

結論から申し上げると

1

普段のビジネスで使う機会が非常に多いフレーズが、この**「結論ファースト」**です。「結論から話すようにしようね」と上司や先輩から指摘を受けた方も多いはずです。

でも、なぜ結論から話すべきなのでしょう？　改めて真正面から問われると、意外と答えづらいですよね。

結論ファーストで話すべき理由は、「最も短時間で、かつ誤解が生まれる可能性を最小限にしたコミュニケーションが取れるから」です。

たとえば、もしあなたが大手コンビニチェーンのエリアマネージャーとして働いているとしましょう。残念ながら前月に比べてエリア全体の売上が20％減少してしまったとします。あなたの上司である営業本部長は、大慌てであなたのもとに走り寄り、「なんでこんなに売上が下がっちゃったんですか!?」と聞いてきます。

もし「結論ファーストじゃない人」であれば、こんな形の返答になってしまうかと思います。

「そうですね、各店舗の売上はそんなに悪い印象ではなくて、むしろ前月に比べると売上が増加している店舗のほうが多いぐらいなんですが、でも、おっしゃる通り全体

を通して見てみると、なぜか売上が下がっているんですよね。あ、でも前々から問題になっていた横浜店は、やっとスタッフ教育が軌道に乗ってきてクレーム数が減少し、他店舗の平均ぐらいにはなりました。売上という面ではこれからなんですが、立地もいいですし、これからに期待！という感じですね。ただ、いつも好調だった新宿店はなんだかあんまり調子がよくなさそうで、そこは心配なんですよね……」

いろんな情報をちりばめてはいるものの、上司が欲しい情報を提供することはできておらず、きっと本部長をイライラさせてしまいます。このままだと、「もういいです。いったんすべての店舗の売上情報がわかるエクセルやスプレッドシートをください」みたいな形になってしまいそうです。

あなたが「結論ファーストが習慣づいている人」であれば、こう答えるでしょう。

「結論から申し上げると、普段最も売上が多い新宿店の不調です。前月比で30％売上が落ちてしまっていて、それが全体の売上減少に響いています。新宿店の不調の原因、およびそちらへの打ち手については、本日中には社長への報告資料という体裁でまとめますね」

「結論から申し上げると」という結論ファーストフレーズを使うことで、スムーズなコミュニケーションになっています。

上司である営業本部長が知りたい「全体の売上がなぜ減少してしまったのか？」という疑問に対する回答を、一発ですっきり提供できており、この後さらに生産的なディスカッションにつながっていくでしょう。

〝あえて〟をつけることで、柔らかさを出す

このように、結論ファーストで話せる人と、そうでない人とでは、「意思疎通速度」および「誤解発生率」が大きく違ってきます。ただ、目上の人にネガティブな結論を伝えなければならないような、結論から伝えるのが憚《はばか》られるときもあるかもしれません。

そこで〝あえて〟の出番です。結論ファーストで話しながらも冷たい印象を与えるのを避けるために、〝あえて〟をつけることで、柔らかさを出せるのです。

ぜひ「あえて結論から申し上げると」を活用して、結論ファーストグセをつけてみてください。

NG 損する説明

部長もご存じの通り、今回の商談は社長レビューまで通した非常に重要な案件で、他の部署からもいろいろと応援をいただき、万全の態勢で臨みました。ただ、受注額が大きいからこそ競合他社も本腰を入れて提案作業をしてきており、かなり厳しい戦いであったことは確かです。そんな中でも、一丸となってみんなで頑張り、なんとか受注を獲得しました！

OK　得する説明

結論から申し上げると、今回の商談、無事受注できました！　競合も本気で提案してきてはいましたが、私たちも全社を挙げて協力体制をとったことで、今回の結果につながりました。今後の具体的なタスクについても別途まとめて共有いたしますね。

例示

2

たとえば

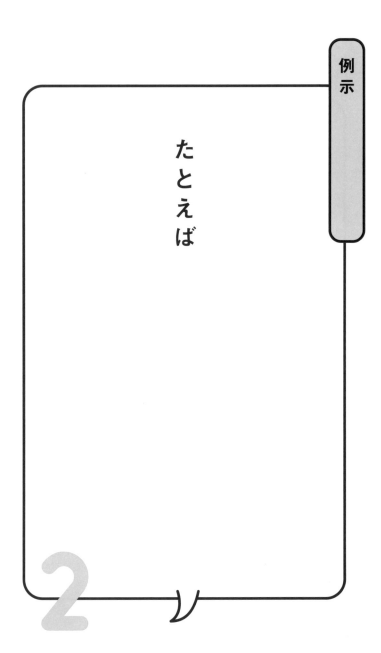

めちゃくちゃシンプル、かつこれを使うだけで「この人の説明、わかりやすい！」と劇的にモテだすとウワサの4文字、それが**「たとえば」**です。

特に活用すべきシーンは、抽象的すぎてわかるようでわからない、そんな話をしているときです。話がわかりづらい人は「たとえば」なしで終わらせてしまい、聞き手は「なんかわかったような、わからないような」という微妙な表情を浮かべてしまいます。

具体例で考えてみましょう。

「セールスの改善を一生懸命やるのも大事だけど、その前に本当に買ってくれる可能性が高いお客さんを集めるマーケティングもちゃんとしないと結果は出ないよね」

総論としてこれに反対する人はいなそうですが、「それはそうだけど、で？」となってしまい、ここからアクションが発生することはなさそうです。

これで終わりにせず、「たとえば」を付け加えてみましょう。

「（前略）たとえば、実際に私が過去に経験した例なんだけど、広告経由で集めたお客

さんは100人のうち1人しか買ってくれなかったんだけど、検索経由のお客さんは100人のうち10人買ってくれたんだよね。今のビジネスにおいて、どのチャネルからのお客さんの購買確率が高いのか、という分析をするだけで、マーケティング費用の最適化ができるよ」

このように、「たとえば」を付け加えるだけで具体的な事例の紹介にスムーズにつなげることができ、聞き手の「なるほど……やってみよう！」というアクションを誘発できます。

「たとえば」の後は「具体的」×「実際の体験」で！

「たとえば」をシンプルに付け加えるだけで、説得力があるエピソードを自然と話せるようになるのですが、可能であれば「具体的」×「実際の体験」を入れ込むことを意識するとさらによくなります。

先ほどのエピソードでも、「広告経由だと100人に1人、検索経由だと10人に1人」という、非常に具体的かつ実際の体験が語られており、「セールスだけでなくマーケティングも重要」という抽象的な話に説得力を持たせています。

「たとえば」なしの抽象論で場がしらけかけているときに、あなたが「たとえば」から切り出して、かつ「具体的 × 実際の体験」で話せば、一気に場が活性化すること間違いなしです。

「たとえば」を使うことで、一気に組織全体を動かせる強力な説得スキルを身につけることができるので、「なんかこの会議つまらないなー」と思ったら、スッと「たとえば」トークを披露し、場を盛り上げていきましょう。

NG 損する説明

オンライン時代は、よりリアクションが大事になります。よいリアクションをするだけで、周りの人からの評価を高められます。

OK 得する説明

オンライン時代は、よりリアクションが大事になります。よいリアクションをするだけで、周りの人からの評価を高められます。たとえば、チャットツールで常に返信やスタンプを送ったり、ズーム会議でもカメラをオンにして大きく相づちを打ったり笑顔を見せるだけで、「この人、すごくいい人だな」と思ってもらうことが可能なのです。

理由は3つあります

提案の説得力を増したいときに使うと非常に強力な**「理由×3」**です。**「理由は3つあります」**と補足をすると、「ああ、この人は本気で考えているのね」と周りに思わせ、その結果、主張がスルッと通るようになるのです。

簡単なケースで考えてみましょう。取引先に先輩と訪問する際、タクシーで行くように説得する場面だと仮定します。

まず、理由×3がない場合。

「A先輩、次のお客さんの所に行くとき、タクシーを使いません？　いや、特に理由はないんですけど、なんか電車で行くのだるいなって思って……」

もしA先輩があなたと同様に、めんどくさがり&コスト意識も甘い人であればワンチャン通るかもしれませんが、まあ普通は即却下でしょう。

では、理由×3がある場合です。

「A先輩、次のお客さんの所に行くとき、タクシーを使いません？　理由は3つあって、1つ目は事前打ち合わせに時間を使えることです。ちょっと内容が甘いところが

ある気がするので、相談に乗っていただきたくて。2つ目は、今ちょっと天気がイマイチで、もし雨が降ると駅から歩く際に濡れてお客さんからの印象が悪くなりそうかなって。3つ目は、経費精算も私のほうで一括してできるので、電車代を申請する先輩の手間を減らせるかなと。どうでしょう？」

これだったら、A先輩がよっぽどのタクシー否定派じゃない限り、「おお、じゃあタクシーで行こうか」となります。

この3つの理由、精緻《せいち》に検討すると突っ込みどころはありそうですが、そもそも「何かを主張する際に3つ理由を用意する努力」をした時点で、提案の通りやすさは2・5倍になるので問題ないのです。

3つの理由は「抜け漏れ&ダブりありまくり」でもOK

「毎回3つも理由を思いつくわけない！」と思う方へ。それでも、「理由は3つあって」と言ってください。無理やりにでも3つの理由をひねり出すモードになれば、相手は理由×3のパワーに恐れおののき、「わかった、それでいこう」となるんです。

また、この理由×3、「抜け漏れ&ダブりありまくり」でOKです。抜け漏れとかダブりとか気にしだすと、逆に何も言えなくなります。

たとえば、「このレストランを選んだ理由は3つあります。①夜景がきれいなこと、②食べログでの点数が高いこと、③高層階で景色がきれいなことです」で全然OK。「①と③、ほぼ一緒じゃないか」と思うかもしれませんが、相手がバキバキコンサルタントでもない限り、そんな野暮な突っ込みはしないはず。

3つも理由を用意しようとした熱意、それだけで一気に「説明がわかりやすい人」にランクアップするのです。あまりかまえることなく、主張の後には「理由は3つあります」で畳みかけていきましょう。

NG 損する説明

今度の懇親会、サイゼリヤでやりたいです。

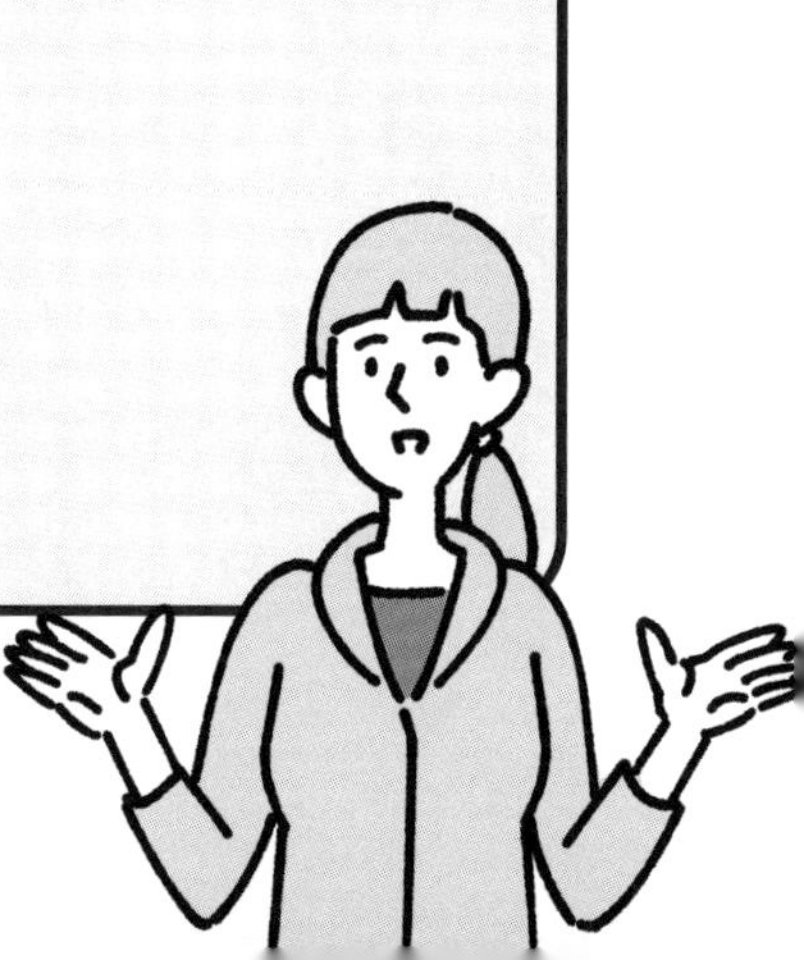

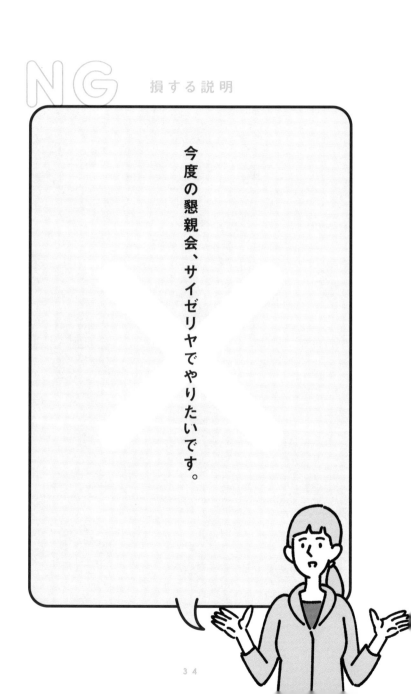

OK 得する説明

今度の懇親会、サイゼリヤでやりたいです。理由は3つあります。1つ目は、事前に人数を確定しなくてもいいこと、2つ目は圧倒的なコスト・パフォーマンスの良さ、3つ目は駅からもオフィスからも近くて参加しやすいことです。

4

一言でいうと

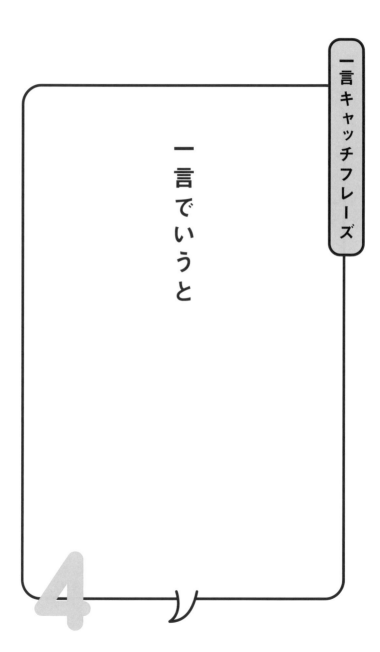

個人的によく使っているフレーズベスト5に入る、**「一言キャッチフレーズ」**です。会社のメンバーやお客さまに話をするとき、もちろん可能な限り簡潔に、かつ楽しく伝えようと日夜苦心はしているのですが、それでもちょいちょい長くなってしまいます。結果、頑張って話したのに相手の頭には何も残っていない……という残念な事態に陥ります。そんな長く話してしまった後、相手の頭の中に強い印象を残しておきたいときに、「一言キャッチフレーズ」は大活躍します。

あなたがベンチャーキャピタルに所属していて、ある有望な会社を見つけたとしましょう。あなたは上司に、その会社に投資すべき理由を伝え、「よし、具体的に話を進めてみよう！」という一言を引き出したいと考えています。

一言キャッチフレーズがない場合、こんな感じになります。

「業界は歯科領域で、業界全体の市場規模が毎年10％以上伸びています。設立から3年経過していて、毎四半期ごとに成長していますし、直近は売上を伸ばすだけではなく利益率も改善しています。創業チームも非常に活気があり、既存のお客さんからのレビューも非常によく、今後さらに伸びていきそうです。今ちょうどいい投資家を探

しているフェーズで、ぜひ私たちも投資を検討したいと考えているのですが、いかがでしょうか？」

「いいところがたくさんあるんだな」と感じてもらえそうではありますが、たくさんの投資候補の中から一歩抜け出すにはちょっと足りないかもしれません。上司に「これは絶対いくべきだ！」と思わせる一言キャッチフレーズ、考えてみましょう。

「（前略）一言でいうと、〝爆速×安定成長スタートアップ〟です。投資しない理由はないかと思いますが、いかがでしょうか？」

単にスピーディーな成長をしているだけではなく、安定して利益を出せる体制も整っていれば、投資検討テーブルに載せるうえでは十分です。

もちろん、自社や他投資先とのシナジーなど検討すべき事項は他にもあると思いますが、「爆速×安定成長」というキャッチフレーズは非常に強く頭の中に残るため、スムーズに議論が進む可能性は高いでしょう。

一言キャッチフレーズは大げさに！

一言キャッチフレーズを使うときのコツは「大げさにすること」です。長々とした話の後に一言で印象づけるための飛び道具が一言キャッチフレーズなので、相手に「!?」と思わせるような大げさな表現を選びましょう。

「一言でいうと、可能性はありそうです」よりも、「一言でいうと、最大の取引先になると思います」みたいな感じです。

誇張しすぎはよくないですが、長々と話すほど熱を込めているのであれば、大げさに表現してもいいはず。せっかくの情熱、一言キャッチフレーズで相手の頭にインパクトを与え、「この人、いつもダイナミックな話をしてくれて楽しいな」と思ってもらえるようになると最高ですよね。

特に、真面目でいつも訥々《とつとつ》、淡々と話してしまうタイプの人には、ぜひ実践してほしいです。強烈な一言キャッチフレーズを話の締めに投げ込むだけで、「正しさに加えて迫力も出てきたな」と思われ、「あの件、直接説明してくれない？」と依頼される機会もどんどん増えることうけ合いです。

NG 損する説明

先週面接したＡさんについてご報告します。どちらかというと穏やかそうなタイプで、セールスリーダーとしてはどうかな？と第一印象では思ったのですが、パッションだけでなく実際にデータも見ながら営業戦略を立てる能力もあり、かつその力を活かして確実に毎月ターゲットを達成する粘り強さもある方でした。

OK 得する説明

先週面接したAさんについてご報告します。どちらかというと穏やかそうなタイプで、セールスリーダーとしてはどうかな？と第一印象では思ったのですが、パッションだけでなく実際にデータも見ながら営業戦略を立てる能力もあり、かつその力を活かして確実に毎月ターゲットを達成する粘り強さもある方でした。一言でいうと、「黙々と結果を出し続ける縁の下の力持ち系リーダー」でした。

つまり

5

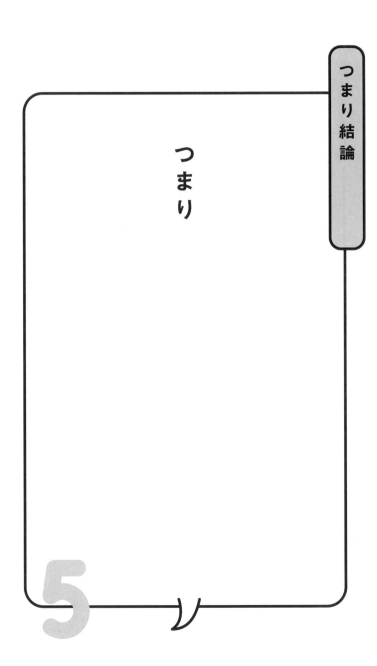

「ここが今までの話の結論ですよ。まとめ部分ですよ！」というポイントをわかりやすく示すのが、この**「つまり」**です。

フレーズ1の「結論から申し上げると」で、「基本は結論から話しましょうね」という話をしましたが、実際の場面で常に結論から話せるかというと、そうもいかないでしょう。

それに、最初から最後まで自分が話すのであれば結論ファーストでいけるかもしれませんが、他の人が「結論が不明瞭な話」を始めた場合、原理的に結論ファーストは不可能になります。

そんなとき、「つまり」を活用して、結論部分がどこなのか、明確に示すと「やっぱりこの人はピシッと締めてくれるな！　さすが」となるのです。

奥さんとショッピングモールに来ていて、そろそろおなかがすいてくる午後5時半。あなたは奥さんに「何が食べたい？」と問いかけます。奥さんは「そうね……、ラーメンか、チンジャオロースか、小籠包か、チャーハンか……みたいな？」と返します。ここで**「つまり、中華系だね。4階にカジュアルな中華レストランがあるから、そこに行ってみようか」**と返せればパーフェクトですね。

簡単すぎる例に感じるかもしれませんが、今まで単発で出てきたアイデアや意見の共通項を探し、「つまり、（結論）ですね」とまとめる、という「つまり」の機能を説明できている例だと思います。

実際の会議や商談でも、いろんなアイデアや意見がぽつぽつと出続けるだけで、「結局、何だったんだっけ？」となってしまうことは少なくありません。それを防ぐためにも、「つまり」をどんどん活用していきましょう。

具体的には、次のDさんのような形で議論ができると素晴らしいです。

Aさん：この提案書、もう少し市場の全体状況について触れたいね。
Bさん：競合の情報も足りない気がするな……。
Cさん：自社のサービス説明はとてもいい感じですけどね。
Dさん：つまり、自社部分はOK、市場や競合部分については要検討という形ですね。具体的な行動に落とし込みますので、少しお時間いただければ幸いです！

可能な限り〝つまらせる〟

発散していてよくわからなくなっている話があったら、とにかく「つまり、（結論）ということですね」と発言してみるだけでまずはOKです。

ただ、それに慣れてきたら、「可能な限り〝つまらせる〟こと＝結論をシャープに表現すること」にチャレンジしてみましょう。

先ほどの例で考えてみましょう。

「つまり、中華系だね。4階にカジュアルな中華レストランがあるから、そこに行ってみようか」

これでも全然悪くないのですが、さらに「つまらせる＝結論をシャープに表現する」を意識してみると、**「つまり、バーミヤンだね」**となります。

今までの長かった話をここまで短く具体的に表現できたら、あなたはヒーローになります。「そうそう、まさにそうなんだよ！」という喝采《かっさい》が波のように広がり、その後、会議が発散してとりとめなくなってくるたびに、みんなあなたの顔を「いつ彼（彼女）の〝つまり〟がくるのだろう……」と期待に満ちた目で見つめるようになるでしょう。

NG 損する説明

理想の職場か……。ある程度仕事量が多くて勤務時間が長くてもいいから、その分人材市場から評価してもらえて、かつ結果を出せば、それが報酬として返ってくるようなところがいいな。あんまり業界にはこだわりがなくて飽きっぽいので、同じ会社にいながら複数の業界を経験できたりするとなおよいかも……。

理想の職場か……。ある程度仕事量が多くて勤務時間が長くてもいいから、その分人材市場から評価してもらえて、かつ結果を出せば、それが報酬として返ってくるようなところがいいな。あんまり業界にはこだわりがなくて飽きっぽいので、同じ会社にいながら複数の業界を経験できたりするとなおよいかも。つまり、コンサルティング業界だね。

グタイグタイ

6

具体的には

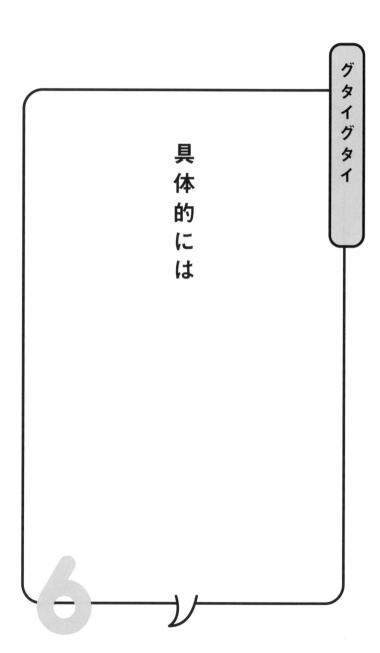

私が一番使っているであろうフレーズ、それが**「具体的には」**です。この本でも何度も登場してしまっているはずです。

このワードは、説明がわかりやすくなるのはもちろん、「あ、こいつ〝デキる〟人間だな」と思ってもらいたいときに大活躍します。

たとえば、四苦八苦した方も多いであろう「就職活動」を例に挙げてみましょう。志望動機を聞かれる際、どうしてもマシュマロみたいなフワフワ言葉を使ってしまいがちですよね。

「御社の顧客中心の文化に感銘を受け、ぜひその一員になりたいと考えております」

みたいな。これだと、聞き手は「うん、そっか」という感想以上のものは持てず、魅了するには程遠くなってしまいます。

このようなマシュマロセンテンスにも、「具体的には」をつけるだけで一気に噛みごたえが出てきます。

「御社には顧客中心の文化、具体的には創業当初から1杯500円で食べごたえのあるラーメンを提供し続けたり、家で食べたいという要望に応えるために〝鍋を持ってくればテイクアウトできるシステム〟があります。さらに、野菜や脂を無料で増やせるシステム、そもそもの暴力的なおいしさなど、一度行ったらとりこになってしまう仕組みに感銘を受けました。なんでもやりますので、ぜひ働かせてください！」

ラーメン二郎目黒店、ホント素晴らしいですよね。

〝ふわっとしたな〟と感じた3秒後には具体化を

「具体的には」をつけるタイミング、いつがいいかと悩む方もいるかと思います。これについて、私は「ふわっとした話をしちゃったな、と感じた3秒後」を推奨しています。

プレゼンでも普通の会話の中でも、「あ、いま抽象的な話しちゃった」「なんか相手が〝?〟って顔してるぞ！」と感じるタイミング、ありますよね。そう感じたら、それ以上その抽象的な話はせず、いったん話を切って、「具体的には」で具体例を付け加えてください。その間、約3秒というところでしょうか。

これを習慣化するだけで、「なんか一般論と抽象論しか言わない、地に足がついていない人」から、「具体的な例やプロセスにまで落とし込んでくれる、頼りになる人」へ180度印象を好転させることができます。

以前、私がコンサルタントや経営企画として働いていたとき、僭越《せんえつ》ながら「とにかく具体的なアクションに落とし込んでくれて、仕事をぐいぐい前に進めてくれる」という評価をいただいていました。それは別に私が頭がいいからではなく、いつでも「グタイグタイ」と唱えて仕事をしていたからです。

本当にただそれだけで、周りの人からの信頼をグイッと得られるので、ぜひ「具体的には」を使ってみてくださいね。

NG 損する説明

理想の提携先ですが、たくさんの個人客を顧客として抱えていて、かつ交流を深くできるような業界だといいかなと考えています。

OK 得する説明

理想の提携先ですが、たくさんの個人客を顧客として抱えていて、かつ交流を深くできるような業界だといいかなと考えています。具体的には、ホテルチェーンや美容室チェーンが候補になりますね。

まずはこちらの数字をご覧ください

7

何が何でも説明に説得力を持たせたい……そう思っている際のリーサルウェポンが、この**「数字マジック」**です。

人間、本当に数字に弱い生き物で、数字を出された瞬間にその真偽を確かめずに「す、すうじだ……この人はせんもんかなんだ……」みたいに気《け》おされるのです。

奥さんにお小遣いアップの交渉をするときのことを考えてみましょう。通常、申し訳なさげに、

「あの……最近懐《ふところ》が少しさみしいことが多くて、あの、仕事も頑張ってると思うし、いや家計がね……そんなに余裕あるわけでもないことはもちろんわかってるんだけど、ほらインフレも続いてるし、その、月1万円ぐらいお小遣い上げてもらえたらなって思ってて……うん」

みたいな感じになるかなと。でも、これは何が何でも説得力を持たせなければいけないケースなので、「まずはこちらの数字をご覧ください」でやってみます。

「あのさ、まずはこの数字を見てほしいんだけど、年収1000万円の人のお小遣いはだいたい7万円なんだよね。このぐらいの可処分お小遣いがあると、身だしなみとか社交に使える金額も増えて、仕事もうまくいって、年収がさらに上がるといういいスパイラルになるんだって。もちろん年収1000万円に自分は到達してないことは理解してるんだけど、これを目指すためにも、それに見合ったお小遣いがあるといいかなと思ってて。どうかな？」

奥さんのやさしさにすがるのではなく、根拠は怪しいにせよ「年収1000万円」というインパクトのある数字を持ってきて、「仕事でさらにお金を稼ぐようになりたいんだ」「きみのためなんだ」と説得するやり方です。アホに見えるかもですが、本当に効果があるんです。

プレゼンでも使えます

日常のディスカッションでももちろん使えますが、セミナーや商品紹介などのプレゼン資料に使うのもおすすめです。

まず「バン！」と謎の数字を出しておき、「まずはこちらの数字をご覧ください」からプレゼンを始めると、否応なしに注意を引きつけられます。

ソフトバンク創業者の孫正義氏は、創業当初から常に「豆腐を数えるように、業績もいっちょう、にちょうと数えるんだ」と話していた、というエピソードがあります。数億、数十億ではなく、常に「兆」の世界を目指しているというスケールの大きさが、聞き手にわかりやすく伝わりますよね。

プレゼンなどがわかりづらいと言われる方は、だまされたと思ってそのプレゼンの中で最もインパクトがありそうな、議論になりそうな数字をチョイスして、1ページ目にその数字だけを書いたスライドを置いておいてもいいかもしれません。今までとは一風変わった楽しいプレゼンになりそうです。

数字を使うと一気に周りの注目を集めることができ、相手を自分の土俵に引き込んだ説明ができるようになります。「正しく話しているはずなのに聞いてもらえない」と悩んでいる方にぜひ使っていただきたいフレーズです。説得力が増すのに加え、エンタメ度も増す一挙両得なフレーズ、ぜひぜひいろんなシーンでご活用ください。

NG 損する説明

PayPay、最近みんな使ってますよねー。

まずはこちらの数字をご覧ください。「5000万人」、これはPayPayの登録者数で、日本人の約2・5人に1人が使っている計算になります。

SDS法

8

まずは概要、
その後、詳細についてご説明します

「全体像（Summary）を示してから、詳細（Detail）を話し、最後にまた要点（Summary）に戻る」、これらの頭文字をとって**「SDS法」**と呼ばれることもある「概要→詳細系」の話し方です。

これは、新しいプロジェクトを始める際にメンバーにその概要を説明するときや、参加者の理解レベルがバラバラなセミナーで講師を務めるときなどに使える説明方法です。

こうしたときに、逆に詳細から話してしまうと、聞き手が「ん？　何言ってんだこいつ」とイライラしてしまったり、セミナーのアンケートでは「よくわからなかった」という残念な評価が集まってしまうハメになります。

とはいえ、いきなり詳細から話しちゃう人、少なくないんですよね。たとえば、最近流行しまくっているVTuberについて説明するとき、

「どの期もそれぞれ可愛いし、魅力が溢れまくっちゃってるけど、やっぱり今の大飛躍のきっかけを作ったのは3期生だと思うんですよね」

みたいな話をすると、VTuberの基礎知識がない人はおそらく誰もついてこれません。

「まずは概要、その後詳細についてご説明します。VTuberとは、バーチャルYouTuberの略で、2Dや3Dのアバターを用いて配信活動をしている人たちの総称です。個人でアバターを作って活動している人もいますが、YouTuberにおけるUUUMのように事務所に所属している人たちもいます。特に有名な事務所は〝にじさんじ〟と〝ホロライブプロダクション〟の2つです。私は特にホロライブが好きでして、具体的なVTuberの例も挙げながらご説明いたしますね」

こうすれば、「話についていけない！」ということはないはずです。この後、具体的な配信活動もお見せしながら説明を続けていけば、短時間でVTuberについてある程度体系的な知識を吸収できるはずです。

新しい概念、難しいトピックについては特に「SDS」を意識！

ＳＤＳ法が特に効果を発揮するのは、難しい概念や今までにない新しいトピックについて話さないといけないケースです。先ほどのVTuberのケースもまさにそれに当てはまります。このようなトピックの際、詳細から話すと本当にわけがわからないことになってしまいます。

一方、全員の知識レベルがそこそこ揃っていたり、社会常識になっているようなトピックに関しては、ある程度詳細から話しても害はありません。逆に、そのようなときにあまりにも概要から話そうとしすぎると、「まどろっこしいわ！」と思われてしまうリスクもあります。

「新しい概念、難しいトピックについては特にＳＤＳ」と意識しながら説明してみてくださいね。「この人、どんな難しいことでもわかりやすく話してくれるよね」という評判がパッと広がること間違いなしです。

NG 損する説明

マーケティングは、CACをいかに抑えるかにかかってるんですよね。

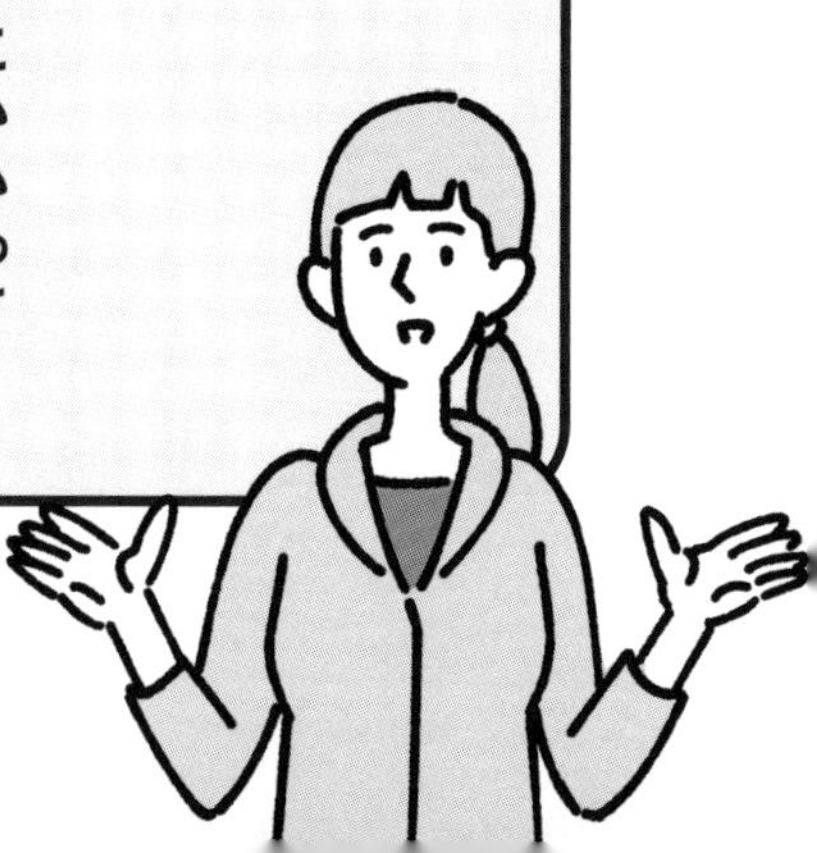

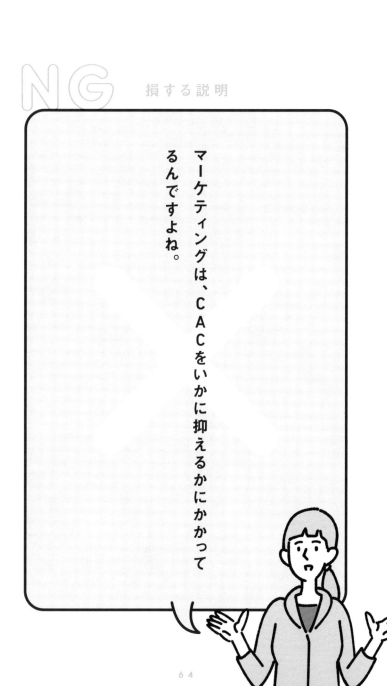

OK 得する説明

マーケティングにおいて非常に重要な概念であるCACについて、まずは概要、その後詳細について話しますね。CACはCustomer Acquisition Cost、日本語にすると「顧客獲得コスト」です。1人のお客さまにご購入いただくまでに、どれほどのお金を使っているのかを表す指標です。私たちのビジネスにおけるCACがどうなっているか、詳細を具体的なデータを見ながらご説明します。

9

なぜかと申しますと

「なぜかと申しますと」という**「Why背景」**フレーズは、私がよく使うフレーズベスト5に入ります。

非常に使い勝手がよく、これを使うだけで一気に「ああなるほどね、この人の言うことは聞く価値があるな」と思ってもらえます。逆に、「説明が下手だ」「なかなか相手に納得してもらえない」という方は、このフレーズを使っていない傾向にあります。

人は、とにかく「理由」を求める生き物です。話し手からしたら「こんなこと当然、わざわざ理由を話す必要なんかない」と感じるケースでも、聞き手からしたら「ちゃんと背景や理由を説明してもらわないと判断できない」と思っていますし、最悪の場合、「理由も説明せずに要求ばかりするな！」と不快に思われる方もいるかもしれません。

そんなことにならないように、少しでも相手が「ん？」という顔をしていたら、すぐに「なぜかと申しますと」というWhy背景を使っていきましょう。

たとえば、「今までやったことのない新しい事業を立ち上げるべき」という提案を上司にするケースを想定してみましょう。

「私たちは今までフリーランス人材と企業のマッチングがメイン事業でしたが、新たにカフェ事業を始めたいです！」

これだけだと、上司は面食らってしまいます。「なんでカフェ事業？」「今までやってきたことと関係なくない？」「ノウハウとか開業資金とかどうするの？」などなど、はてなマークが次々に浮かび上がってきそうです。

Why背景フレーズを使うとこうなります。

「私たちは今までフリーランス人材と企業のマッチングがメイン事業でしたが、新たにカフェ事業を始めたいです。なぜかと申しますと、今私たちはリモートワーク中心なので、せっかくのオフィススペースを有効活用すべきと考えたからです。また、単なるオンラインマッチングだけだと競合との差別化が難しく、カフェで定期的にフリーランスや企業の方を招いたイベントを開催することで、一味違ったサポートができ、既存事業を大きく伸ばせる可能性があります」

これだったら「おもしろそう！　もっと具体的に教えて！」と前のめりになってもらえそうですね。

自分自身との対話に使えば「思考が深い人」になれる

Why背景フレーズ、もちろん他の人への説明にも使えるのですが、私はノートを用いた自分との対話にも使っています。

抱えている悩みや問題をサッと書き、「それはなぜかというと……」という形でその背景をひもといていくのです。それを何度も繰り返すことで、「ああ、これが原因だったのだな」と理解することができ、思考が深くなります。

このクセをつけていると、普段から「なぜこのような事態になったのか？」「なぜこの人はこういう行動をするのか？」とモノゴトの裏を読む力がどんどんついてくるのでおすすめです。汎用性も高いので、ぜひ今日から活用してみてください。

NG　損する説明

いったんマーケティングに使う費用を抑えるべきです。

3カ月だけマーケティング費用を今までの7割程度にしてみませんか？　なぜかというと、リードは多数獲得できていますが、売上は減ってしまっているからです。データを見ると、営業人員が足りておらず、フォローアップがおろそかになっている可能性があります。

10
事実と意見に分けて述べさせていただくと

場が紛糾しそう、もしくはすでに紛糾中のディスカッションのとき、場を一気に収束させるパワーのあるセンテンス、それが**「事実&意見」**です。

話があっちこっちにいっているケースの8割以上は、「事実と意見の混同」が原因です。今話されていることが、誰の目にも明白な「事実」なのか、「私はこう思う」という「意見」なのか、それがごちゃまぜに話されている結果、いつまでたっても議論が終わらないのです。

たとえば、「サイゼリヤと吉野家、どっちのほうがコスパがいいか?」というディスカッションを想定します。

「サイゼリヤはミラノ風ドリアが300円で食べられる! 吉野家は牛丼が並盛でも税込448円って高くない?」
「いやいやサイゼリヤはミラノ風ドリアだけで終わらず、サラダとかチョリソーとか頼んだら結局客単価1000円超すよね。吉野家のほうが安く上がるに決まってる!」

こんなとき、さっそうと「事実と意見に分けて述べ」てみましょう。

まず「事実」で信頼獲得、その後に「意見」を投げ込んでいく

「事実と意見に分けて述べさせていただければと思います。まず事実からですが、メインメニューの単価で比較すると、ミラノ風ドリアが300円、牛丼並盛が448円という形になります。平均客単価については、サイゼリヤが825円、吉野家が510円と、吉野家のほうが安いという形になります。意見としては、私は〝両方コスパ最高の素晴らしい食事処、ただ使用ケースが違う〟と思っています。みんなでワイワイコスパよく楽しく過ごすサイゼリヤ、短時間でサッと美味しく栄養補給する吉野家、そういう形でTPOに合わせて使えばよく、コスパは両方とも最高！という結論でいかがでしょうか？」

ツイッターやネットの掲示板でよくある論争は、事実パートと意見パートがごちゃまぜにされており、冷静な議論ができなくなっていることに端を発しています。ネット上だけではなく、リアルの口論もだいたいコレです。最終的には双方感情的にな

り、ひどい言葉をぶつけ合って終わるパターンもあります。

それを避けるためにも、「事実と意見に分けて述べさせていただくと……」と低姿勢で議論に入っていき、まずはみんなが「そうだよね、うんうん」と納得できる事実を提示しましょう。これを提示することで、すべての立場の人たちからの尊敬、および信頼を得ることになります。「めちゃくちゃ冷静で話のわかる人だな」となるわけです。

その尊敬&信頼を得た状態で、あなたは自由に意見を述べることができます。前述した事実に反しないのであれば、何を言ってもあなたの自由です。すでに全体から信頼を得ている事実をベースに述べた意見、受け入れられる確率は少なく見積もっても87%を超えます。

ぜひ、恐れることなく、「事実と意見に分けて」話に介入していってみてください。

NG 損する説明

今期の業績がよくなったのは、セールスが頑張ったというよりも、確度の高いお客さまをたくさん集められたことが要因ではないかと思います。

OK 得する説明

今期の業績向上に関して事実と意見に分けて述べると、集客数は変わらないのですが、そこからの成約率は上がっています。セールスで大きな変更は加えていないので、おそらくマーケティング側で確度の高いお客さまを集めるアクションを実施し、それが功を奏したと考えています。

クッキー表現

11

ざっくり言うと

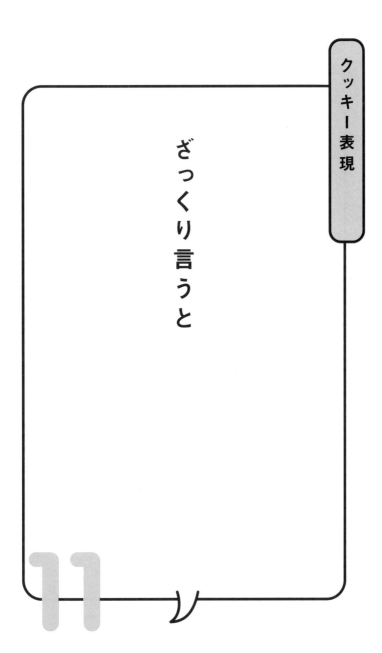

細かいところはいったん置いておいて、「こんな感じだよ！」というイメージを植えつけるための表現、それが**クッキー表現「ざっくり言うと……」**です。

伝えるべき情報量が多いとき、それを一気に伝えようとすると事故ります。そうならないために、まずは大枠の概要のみを示すことで、伝えたいことの明確化、および信頼の獲得ができます。

たとえば、私は自分の誕生日に「ラビスタ東京ベイ」という、豊洲のコスパのいいリゾートホテルに泊まってみたいなと思っており、奥さんにも「イイね！」と思ってもらう必要がありました。

いろんなウリがあるホテルなので、頭の中をダダ漏れで話すと、こうなります。

「アクセスもいいし、景色もいいし、もちろんごはんもいい感じ。新しいホテルだから室内もきれいだし、あ、そういえば温泉行きたいって言ってたよね？　大浴場もあるし、しかもその後のマッサージチェアやアイスも無料なんだよ！　あ、さらに朝食もバイキング形式でおいしくて、特に海鮮！　イクラも食べ放題らしいんだけど……

どうかな？」

このような話し方をしたら「長すぎてよくわからん。出直してきなさい」と却下される可能性が72％はありそうです（情熱は伝わるので、個人的に嫌いではないんですけどね）。

では、ざっくり言ってみましょう。

「ざっくり言うと、ラビスタ東京ベイは〝最高の朝ごはん（イクラ食べ放題含む）付き、1人1万2000円で泊まれる〟という超コスパホテルなんですが、誕生日をそこで過ごすのはどうでしょう？」

という形になります。

奥さんはイクラ大好き＆家計をしっかり考えてくれるタイプで、その2点を「ざっくり」ながらも押さえられています。ここで身を乗り出してくれたら、さらに詳細を話し続ければいいのです。

「ざっくり」ながらも最重要ポイントにヒットさせる

ここで大事になってくるのは、「相手にとってキーとなるポイントに確実にヒットさせること」です。

ざっくりで話すと、当たり前ですが含まれる情報量は少なくなります。その少ない情報量でも、「おお、いいねいいね、続きは？　詳細は？」と身を乗り出してもらうため、クリティカルヒットを繰り出す必要があります。先の例だと「イクラ食べ放題」と「１人１万２０００円で泊まれる」というのがクリティカルヒットポイントでした。

結果はどうだったかって？　クッキー表現のおかげで無事承認はいただいたので、楽しい誕生日を迎えることができそうです！（イクラ食べ放題も夜鳴きそばも楽しみです）

プライベートだけでなく、ビジネスでも使えるざっくりクッキー表現、どんどん活用してみてください。

NG 損する説明

セールスにおいて重要なことはいろいろありますよね。もちろんどんなことがあっても、どんなことをしても事前にコミットした目標を達成するという執念も大事だし、とはいえ、もちろん誠実さありきで、人に胸を張れないようなことはしてはいけないですし、あとは特に最近はデジタルツールを駆使してデータを用いた分析ができるかどうか、みたいなところも重要になってくる印象があります。

OK 得する説明

ざっくり申し上げると、セールスにおいて重要になるのは「何が何でも目標を達成する執念」と「しっかりとデータを用いて分析&戦略を作る力」の2つです。

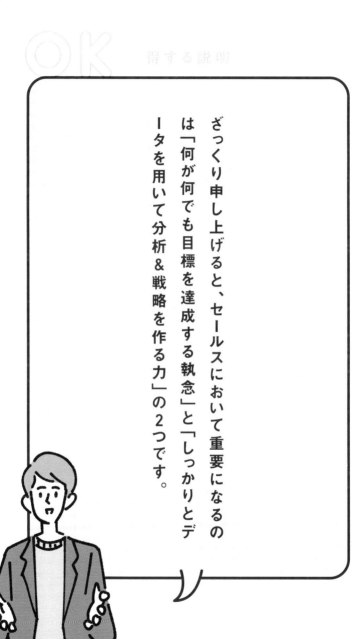

Talk Straight

12

率直に申し上げまして

私が新卒で入社したコンサルティングファームの行動指針は、**「Think Straight, Talk Straight」**でした。日本語にすると、「まっすぐに考え、そしてそれを忖度《そんたく》なく伝える」となるでしょうか。

この行動指針が隅々まで行き渡っているおかげで、不要なコミュニケーションコストはかからなかったなと思います。一方、仕事をうまくこなせないと、それこそど真ん中の剛速球フィードバックを受け取るハメになるので、とても辛いのですが……。

閑話休題、「Talk Straight」は、いろいろと気を遣いすぎて議論が前に進まなそうなときに投げ込むと、グググッと話が前に進むとともに、本質的な議論に集中できる魔法の枕詞です。

20代の後輩から、「先輩、早い段階でチームを率いて経営層になりたいんですけど、どうすればいいですかね？」と相談を受けたとしましょう。

Talk Straightではない場合、こんな感じのアドバイスになりそうです。

「そうだね、確かにチームを率いて結果を出すというのは経営層への近道だよね。そ

のような気持ちを今の段階から持っているのは素晴らしいね。そのためにはもちろんコミュニケーションをしっかり取るとか、周りの人の話をちゃんと聞くとか、データをベースに数字を上げるための戦略を立てるとか、そういうことが必要になってくるかなと思うよ」

率直にいきましょう。

「率直に言って、まずは自分自身で結果を出すことに集中すべきかな。リーダーはなりたいと思ってなるものではなく、周りからの信頼を集めた人がなるもので、〝この人にならついていきたい〟と周りに心底思わせるような結果を出すことが一番重要だと思うよ」

みたいな感じ。

その場の空気は読みすぎるほど読んでから「率直に話す」

このTalk Straight、もしあなたと後輩が前述のように外資系コンサルティングファーム勤務なら問題ないですが（たぶん）、そうじゃない場合、ちょっとぎくしゃくしてしまう可能性がなくもないので注意が必要です。

Talk Straightは話の本質に一気に切り込める魔法の言葉ですが、このストレートっぷりに慣れていない人は、なんとなくイヤな気持ちになることがあるのです。また、常に歯に衣着せぬ物言いをする人は、なんだかんだで遠ざけられていってしまう傾向もあります。

婉曲《えんきょく》に伝えても伝わらない場合、もしくは率直に言った後にたっぷりフォローアップするタイミングがある場合はTalk Straightで問題ないのですが、あまり濫用すると人間関係にひびが入りがちなので、「本当に問題ないか？」と自問自答してから使うようにしましょう。

NG 損する説明

ポップアップストアを出して直接お客さんとコミュニケーションを取る、というアイデア自体は全然悪くないと思うんですが、私たちのサービスは結構単価も高いですし、ぱっと見で目立つものでもないので、もしかしたら効果はそんなに出ないかも?って思ったりします。

OK 得する説明

率直に言うと、ポップアップストアの出店には反対です。その分の費用はデジタルマーケティングに割くべきと私は思います。

クッションエンド

……と私は思うのですが、
いかがでしょうか？

13

さっきの「Talk Straight」と対極をなすフレーズ、それが**「クッションエンド」**です。Talk Straightのような正攻法に加えて、クッションエンドを使うことによって「ああ、この人の説明はわかりやすいなあ」という反応をばっちり受け取ることができるのです。

いくらロジックがわかりやすくても、あまりにも攻撃的で「ウッ」となるような表現だと、耳と心を自動的に塞《ふさ》いで「この人の説明、わからない！」となってしまうケースがあるのです。

それを防ぐために、クッションエンド**「……と私は思うのですが、いかがでしょうか？」**を使いましょう。

少しストレートすぎる意見表明をしてしまった後、〝あくまで自分の一意見で恐縮です。あなたの意見も聞きたいな〟という形で説明を終わらせることで、好感度が一気に上がり、説得力が増していきます。

「グローバルで景気が悪くなることがほぼ確実になっている今、売上が安定するとは思えませんよね。そんな中で新たに積極採用をする、という選択は確実に間違ってま

すよ。売上予想がつかないうちから固定費を増やしてどうするんですか？」

言っていることへの賛否はいったん置いておいて、正直あんまり受け入れたくない気持ちになる表現ですよね。なんかすごくバカにされている気がして、「君の意見はわかるけど、受け入れたくはない」ってなっちゃいそうです。そうならないように、クッションエンドを使ってみましょう。

「さまざまな指標から、今後世界中で景気後退が起こりそうですよね。新たに人を採用して売上をガンガン上げていきたい気持ちはあるのですが、今はあまり固定費を増やさないほうがいいかなと私は思うのですが、いかがでしょうか？」

言っている内容は変わっていないですが、後者のほうが受け入れやすくなったのではないでしょうか？　まだ上から目線のような気はしますが、「この人は話が通じそうだな」という印象になりましたね。

気が弱い人、遠慮しがちな人は使う必要なし

ただ、ちょっと水を差すようですが、ついつい他の人の意見に流されがちだったり、気が弱かったりする人は「あえて使わなくてもいい」と私は思っています。

デリカシーが足りず、言いたいことをあんまり空気を読まずに放言してしまう人（例：私）は、これを使うと「おお、ちょっとは相手を慮《おもんぱか》ることができるんだな」と思ってもらえるのでどんどん使うべきですが、日本人の83％を占めている「空気を読みすぎてしまう人」は、これを使うとさらに弱腰になってしまうので、あえて使わなくてもいいです。空気が読めない人、ストレートすぎる人におすすめです。

NG 損する説明

A部長、コロナ患者数が右肩上がりの今、週4出社はありえないっすよ。週1出社、週4リモートにすべきじゃないっすか？

OK 納得する説明

A部長、コロナ患者数がかなりの速度で増えていて、心配している人も多いので、いったん週1出社にしたほうがいいかなと私は思うのですが、いかがでしょうか？

そもそも

14

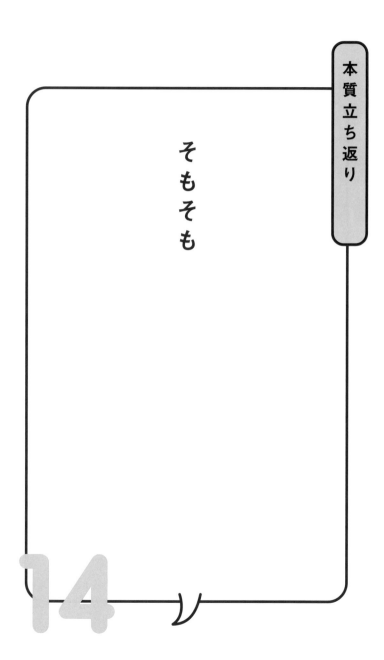

この**「そもそも」**、本当に使いどころが多く、私自身も大いに活用しています。会社のチャットツールで「そもそも」を検索したところ、7割以上が私の発言で使われていました（笑）。

私は**「そもそも＝本質立ち返り」**と定義しています。話をしているときに、表面上は活発に意見交換されているけれど、なんとなく空回りしている感覚がある。そういうときに、「そもそも」を使うことでモノゴトの本質を再度見つめなおすことができます。

私の会社は「透明マウスピース矯正」というサービスを提供していますが、もちろん他にも矯正サービスを提供している会社さんがいらっしゃいます。いわゆる「競合他社」ですね。

社内で、「競合であるA社さんがやっていること、私たちも早くやろう」という議論にたびたびなります。確かに、競合他社がみなやっていて、私たちがやっていないと、なんとなくやったほうがいい気がします。一方、「周りがやっているから私たちもやろう」というロジックで突き進んでいいのか、自信が持てないのも確か……。そんなときこそ本質立ち返りフレーズ「そもそも」の出番です。

「そもそも、競合がやってるからやる、っていうのは正しいのかな？　お客さんが本質的に求めている価値を明確にして、それを提供できるかどうか、という観点で考えたほうがいいんじゃない？」

みたいな。カッコいいですね。

「ぐるぐる自問自答モード」になったときにもおすすめ

前述のように、議論がなんだか前に進んでいない感じのときに投げ込むのももちろん有効ですが、自分自身が変にモヤモヤしているときにも使えます。

悩みが悩みを呼び、ずっとテンションが低かったり夜も眠れなかったり、そんなときに「そもそも」で本質に立ち返ってみると、スッと解決したりします。

私自身、社長というなかなか責任の重いポジションについてからというもの、「ヤバいどうしよう」「とはいっても弱音吐くわけにもいかないしな……」「でもヤバいどうしよう」みたいなぐるぐる悩み無限ループに入ってしまう時期が定期的に来ます。そういうときに頭の中でぐるぐるし続けていても何にもならず、むしろ消耗し続けるだけ。

そんなときは、まずノートを用意してそこに今考えていることを吐き出し、「そもそもそこが本当に悩むべきポイントなんだっけ？」「そもそも私がこの事業を通して実現したいことって何だっけ？」と本質に立ち返ることで、いつのまにかぐるぐる自問自答モードを抜け出すことができます。

自問自答モードになってしまったら、「説明力を爆上げするチャンス！」と捉え、どんどん本質に立ち返ってみましょう。

NG 損する説明

より成長を加速させるには、もっとスピーディーに人の採用をして、どんどん新しい店舗を出していく必要があります！

OK 得する説明

もちろん売上を達成することは大事ですが、そもそも私たちは社会にどんなインパクトを残すために集まっているのか、そこを明確にしたうえで、数字の話をすべきではないでしょうか。

単純化

わかりやすく言うと

15

大学時代もコンサルタント時代も、私は「なんでみんなこんな難しい話するんだ?」といつも困惑していました。一番の原因は私の勉強不足だったのであんまり大きな声では言えないのですが、他に「話し手の配慮不足」というのもあるかもしれません。

専門的な話をする際、「このぐらいわかってるでしょ」という形で話を進めてしまうと、聞き手が置いてけぼりになってしまいます。

もちろん、「10が4個あると40じゃないですか」みたいなレベルでの説明は、聞き手が小学生でない限り不要ですが、通常のビジネスディスカッションでも相手と自分の持っている情報には違いがあるため、常にその確認&調整をしていく習慣をつけておくに越したことはありません。

その「相手の理解度の調整」に大きく役立つのが、この**「単純化」**フレーズです。「ちょっと難しい話になったかな」「この論理、自分的にはしっくりくるけど聞き手の方々の頭にはてなマークが浮かんでいるな」と感じたら、ぜひ**「わかりやすく言うと」**を投げ込んでみてください。

これを言うだけで「わかりやすく言ってくれるの!?」と聞き手の目が輝き、顔が前を向き、眠気をばっちり吹き飛ばすことができます。

たとえば、コンサルティングファームの仕事の内容を学生の方々に説明するとき、

「クライアントである企業に、戦略策定やその実行支援をすることで、業績向上に貢献するお仕事です」

と話しても、おそらく「はぁ」となるだけです。〝戦略策定〟〝実行支援〟〝業績向上〟と言われても、馴染みもないですし具体的なイメージも湧かないですよね。で、学生さんたちがよくわからなそうな顔をしているな、と思ったら、単純化フレーズの出番です。

「わかりやすく言うと、企業のお医者さんのようなお仕事です。どんな症状が出ているか、それはどのような日々の生活から発生しているのか、それを治すための薬もしくは生活改善習慣は何か。それらを特定し、健康になるサポートをするのがお医者さんですが、それの企業バージョンがコンサルタントです」

こう言うことで、今まで病院に行ったことがある人であれば、「なるほど！」と腹落ちすることができます。

「単純化」と「グタイグタイ」のコンボ

単純化は聞き手の興味関心を一気に惹くことができる強力なフレーズですが、「正確性を削ぎ落とさざるを得ない」というデメリットもあります。

先ほど、コンサルティングの仕事をお医者さんの仕事に例えましたが、これだと「実際には何をするのか？」が伝わってきません。

そこを補填《ほてん》するために、私はよく「単純化をした後に具体例を提示する」というコンボを使っています。

前述の単純化の後、「具体的なコンサルタントの仕事としては……」と続けることで、わかりやすく、さらに正確な情報を伝えることができ、「わー、この人の説明、わかりやすい！」と思ってもらえるようになるのです。ちょっと応用になりますが、ぜひ使ってみてください。

NG 損する説明

新規店舗、来客数は悪くないんですが、そこからのコンバージョンがイマイチなんですよね。

OK 得する説明

新規店舗、来客数は悪くないんですが、そこからのコンバージョンがあまりよくないことが売上未達の原因です。わかりやすく言うと、お客さまには来ていただけるものの、「買おう！」という意欲を掻き立てられておらず、そのまま退店されるケースが大半、ということです。

換言

別の言い方をすると

16

わかりづらい表現をしてしまった後のリカバリーや、相手からの質問を肯定しつつさらに理解度を増してもらうために使われるのが、この**「換言」**です。相手があんまり納得していなかったり、不安そうな顔をしていたりする際に使うと効果てきめんです。

私自身、お客さまと話しているときによく使います。私の会社は透明で目立ちにくく、安全に歯並びをきれいにできるマウスピース矯正サービスを提供しているのですが、サービス説明の際に「マウスピースはいつつけるのですか？　夜だけでしょうか？」という質問をよくいただきます。その返しに私はよく換言を使います。

「ご質問ありがとうございます！　マウスピースの必要装着時間は約20時間でして、別の言い方をすると〝食事および歯磨きの時間以外は装着する〟という形になります。最初はもちろん違和感がありますが、慣れると自分の身体の一部のように馴染みますのでご心配なく！」

もし換言を使わずにまっすぐ説明しようとすると、ちょっとややこしくなります。

「夜だけではなく、昼もつけていただく必要があります。矯正をスムーズに進めるための必要装着時間は20時間なので、就寝時だけでは足りず、昼も基本的にはずっとつけていただいています」

換言せず「必要装着時間は20時間」という説明に終始してしまった場合、お客さまは「じゃあいつ外せるの？」と思い、さらに質問と回答のラリーが続いてしまい、お客さんのストレスも溜まってしまいます。一発でスムーズにディスカッションを終えるためにも、換言は非常に有効です。

ネガティブ表現を一気にひっくり返したいときに効果ばつぐん

換言は、わかりやすさに加えて「ネガティブをポジティブに変換する」という効果もあります。先の例を続けると、「えー、そんなにつけないといけないの⁉　大変だ」という反応をされることもあります。

そういうときに、「確かに食事と歯磨き以外ずっとつけているというのは大変です

よね」と一度同意をしておきつつ、

「ただ、別の言い方をすると、間食が減ったり清涼飲料を飲まないようになったりするので、ダイエットや健康にもいいんですよ」

という形にポジティブ変換することができます。

ネガティブな方向に議論が向かいそうなとき、換言を使うことで一気にポジティブな話に持っていくことができるというのも素晴らしいポイントです。

「相手が少し不安そう、よくわかってなさそうな顔をしているとき」「話が変にネガティブな方向に向かってしまいそうなとき」は、ぜひ「別の言い方をすると」から始めて一気に説得力をアップさせちゃいましょう。

NG 損する説明

弊社のサービスは、契約書確認にかける時間を約3分の1まで削減することができますが、月額20万円ほどの使用料をいただいています。

OK 得する説明

弊社のサービスは、月額20万円で、契約書確認にかける時間を約3分の1まで削減可能となるサービスです。別の言い方をすると、「20万円で5名分のフルタイムメンバー並みのパフォーマンスを発揮できる仕組み」となります。

17 前回の振り返りですが

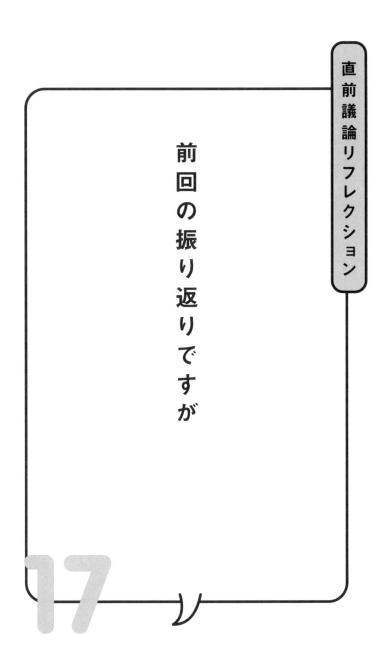

一気に会議のMCの座を手に入れられるマジックフレーズ、それが**「直前議論リフレクション」**です。

日々忙しいみなさんには心から共感いただけると信じていますが、「先週の会議の内容なんか覚えてない！」ですよね。でも、手を上げて「すみません、私あんまり前の会議の内容覚えてないんですが……」と発言するのはなかなか勇気がいるものです。

そんな中、さっそうと**「さて、前回の振り返りですが」**と直前議論リフレクションを挟む人が登場したら、それはもうヒーローです。この会議の主人公は、あなたになります。

直前議論リフレクションがない場合、誰かから突っ込みが入り、それをなんとかしようとあたふたするだけで時間が刻々と過ぎていきます。

Aさん：今日は加藤部長の送別会の出し物を決めようと思うんですが……。
Bさん：えっと、そもそも送別会ってどこでやるんだっけ？　ってかいつだっけ？
Aさん：場所はなんとなく決まってたような気がしましたけど、あれ、Bさんが決

めてくれるみたいな話じゃなかったでしたっけ？

カオス。話が前に進まない感がビンビンにしますね。加藤部長の送別会、このままじゃピンチ！

「当たり前かも？」に負けずに丁寧にまとめる

直前議論リフレクションを加えてみましょう。

Aさん：前回の振り返りですが、加藤部長の送別会の日程は4月7日の金曜日、バルバッコア虎ノ門ヒルズ店で18時スタート、人数は10名というところまで決まってましたね。本日の時間で、出し物のアイデアを各自持ち寄って議論する、というところだったと思いますが、認識齟齬《そご》ないでしょうか？

このように、しっかりと前回の議論をまとめて振り返ることができると、会議に参加している人たちがみな安心します。全部覚えている人はほとんどおらず、なにかしら抜けているものです。そこをまるっとカバーしてくれたAさん、ヒーローですね。

この直前議論リフレクションをするときに、「こんな当たり前のこと、振り返る必要ある？」と悩んでしまう方がいます。この気持ちはすごくよくわかるのですが、当たり前のことでも人は忘れていますし、それを思い出させてくれる存在は本当にありがたいのです。

口頭で振り返るのみならず、テキストでもまとめておいて、会議前に参加者にメールや会議招待で配布しておくと、さらに認識のずれがなくなり、より感謝される可能性が高くなります。余裕があれば、口頭での直前議論リフレクションに加え、テキストでまとめる習慣もついてくると最高ですね。

NG 損する説明

今回のミーティングでは新規の出店場所を決定すると
いうところまでやればいいんでしたっけ……？

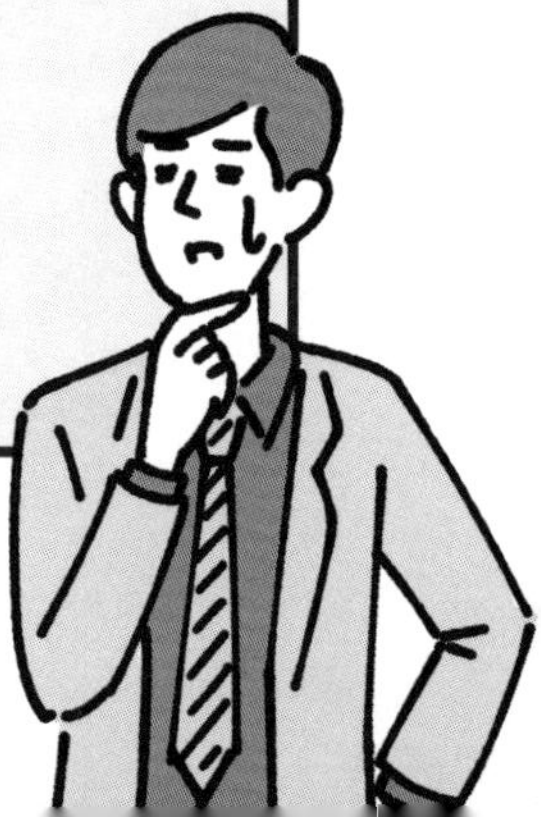

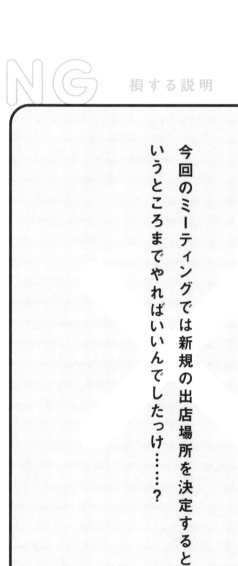

OK 得する説明

前回の振り返りですが、既存店の売上や利益の推移を分析し、新規出店のための3つの軸を決定しました。それに応じて各人3つ新規出店テナント候補を選んできていただいているので、今回のミーティングで1つに決定し、具体的な出店スケジュールを立てるところまでいければと思っています。

現状クリアリング

18

まず現状を整理させていただくと

話があっちにいったりこっちにいったり、「もはや収拾がつかない！」となったときに大活躍するフレーズが、この**「現状クリアリング」**です。

そもそもなぜ話の収拾がつかなくなってしまうのかというと、参加者のみんなの話したいポイントがずれているからです。ある人は問題の具体化をしたがっていて、ある人は解決策の提案をしていて、ある人はなぜ起こったのか原因追及をしたがっている。そういう状況だと、話が噛み合わないことこの上ないのです。

そのようなときに、**「まず現状を整理していきましょう」**と口火を切ることができれば、自然と「問題解決のプロセス」である、「現状整理→課題深掘り→打ち手提案」の流れに議論を誘導することができるのです。

Aさん：競合企業はしっかりしたウェブ記事を書いて上位表示させることで、マーケティングコストを抑えて売上を上げているのだから、私たちももう少し自分たちでコンテンツを作っていきましょうよ！

Bさん：いや、まずうちの売上がなぜ低下しているのか、その原因をしっかり把握することから始めるべきではないのかな？　調査会社に頼んでマーケットリサーチして

みたいんだけど……。

Cさん：いやいや、そこが問題ではなくて（以下略）。

このような形のディスカッションになると、結局次に何をするか決まらず、「とりあえず各自また考えてきて来週集まりましょう」になってしまいます。こういう会議、けっこう多いんですよね。

みんなが「そうだね！」と納得できる客観情報を中心に

こうやって議論が紛糾しているときに、現状クリアリングを実施してみましょう。

Dさん：まず現状を整理させていただくと、みなさんご認識の通り売上は前年比で20％減少しています。ただ、実は商品Aの売上が50％下がっていて、他の商品は現状維持もしくは微増という形になっているのです。まず、商品Aの売上がなぜここまで下がってしまったのか理由を深掘りしていき、その後その解決策について話す、という順序で進めていくのはどうでしょうか？

こうすることで、個別具体的すぎる打ち手の話をすることを避け、「まずは商品Aにどんな課題があったのか、それをどう解決すべきか」という方向にみんなの意識を向けることができます。こうすることで、「議論がぐるぐるして何も進まない！」ということはなくなるはずです。

現状整理をする際、Dさんのようになるべく具体的、客観的な情報をベースに現状を整理できると、変な茶々が入ることもなく、スムーズに議論を進めることができるのでおすすめです。ぜひ、具体的、客観的情報を持ったうえで「現状を整理させていただくと」で切り込んでみてください。

NG 損する説明

先月の売上について、旗艦《きかん》店である渋谷店の店長からは大きく客足が落ちている旨の報告を受けていますし、大阪店からは客単価が一気に下がっているという情報が来ています。マーケティング本部は、特に大きく変化している数値はなく、大きく下がる要因があるとすると、各支店側で何かおかしなことが起きているのではないかと言っています。他の支店では、客数が増えていると言っているところもあります。

OK 得する説明

まず現状を整理すると、お客さまの数自体は変わっていないのですが、成約単価がかなり落ちています。特に大阪拠点は顕著にその傾向があり、安易な値引きが横行している可能性がありそうです。

テーマ設定

本日のテーマは○○で、
考えていただきたいことは、
△と□の2点です

19

考える範囲がめちゃくちゃ広かったり、言葉の定義があいまいで議論がとめどなく続いてしまいそうな話をしなくてはいけないとき、ありますよね。そんなとき、なんとなく口火を切って始めてしまうと、参加者が好き勝手にしゃべりだして収拾がつかなくなったり、自分自身が何について話しているのかわからなくなったりしてしまう可能性があります。

そのような状況を防ぎ、みんなの意識を集中させるときに使えるのが、この**「テーマ設定」**です。

たとえば、それこそ私がこの本をベースにみなさんに講演させていただく機会を得たとしましょう。正直、「説明力」というのはかなり広い概念ですし、みなさんそれぞれに違った考え方、課題を持っているはずです。どのように話を展開していくか、けっこう悩みそうですね。

そんなときに、この「テーマ設定」を使ってみましょう。

「本日のテーマは〝説明力を1時間で上げるための5つのフレーズ〟で、考えていただきたいことは、〝自分だったらどれが一番使えそうかな?〟という絞り込みと、

〝明日のこのタイミングで実際に使おう〟という決意の2点です。これだけ実施いただければ、みなさんの貴重な時間を無駄にすることはないと断言できます」

このように話すことで、単に「説明力についてお話しできればと思います」とフワッと始めた場合に比べて、みなさんの意識をグッと惹きつけることができます。

これを聞いた方々は、「ああ、ここから1時間で5つのフレーズについて解説してくれるんだな」「で、それを聞くだけではなくて、1つだけでいいので自分にとって最も使えそうなフレーズを選び、かつそれを明日どこで使うか決める、ということをすればいいんだな」と強く思うことになるのです。

テーマも考えるべき2点もとことん「具体的」にする

「今日はこれを話しますよ」というテーマ設定、および「あなたの側ではこれとこれの2点、考えてくださいね！」というお願いをすることで、聞き手の意識を強力に惹きつけることができます。

この惹きつけ効果をさらに増すためには、「とことん具体的にすること」が大事になってきます。

先の例では、テーマは「説明力を1時間で上げるための5つのフレーズ」という形にしましたが、ここでは「1時間」「5つ」という2つの具体的なワードが入っています。

人は、理解しがたい抽象的な情報はついつい避けてしまいますが、逆に具体的になっていればなっているほど「おもしろそう」「役に立ちそう」と考え、無意識的に惹きつけられてしまうのです。

抽象的なテーマで話をしないといけないときこそ、このテーマ設定は大活躍します。「ちょっと伝わりづらい話をしないといけないな」というときこそ、実際に使ってみてください。

NG 損する説明

今日は「本を書く」という活動に関する話をしていきますが、いやこれは本当に大変でね……。

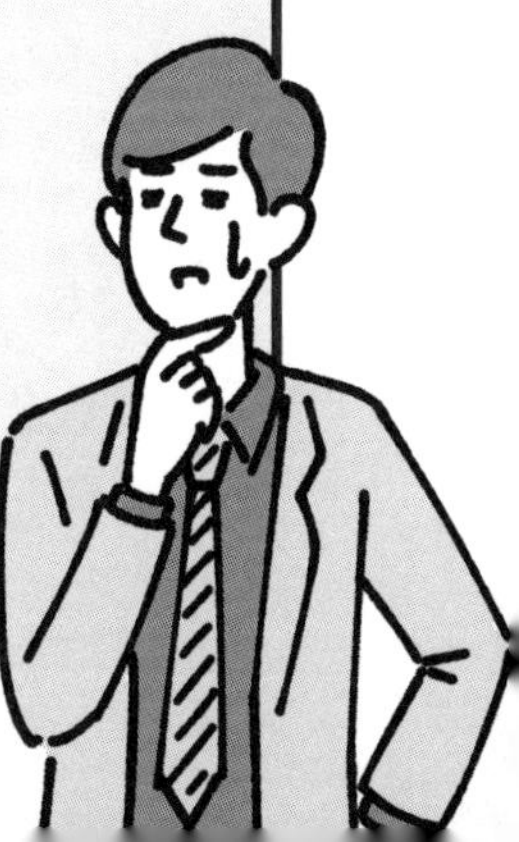

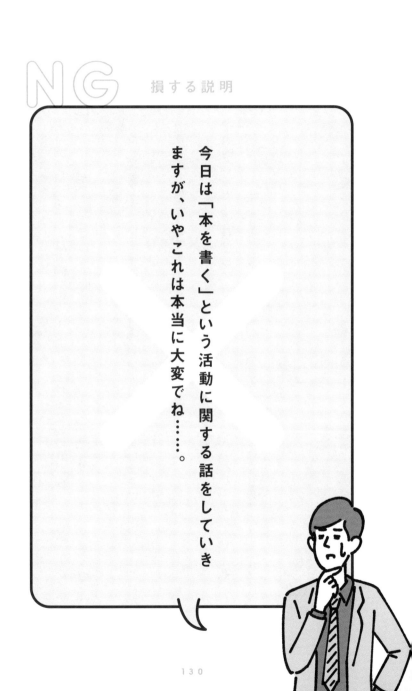

OK 得する説明

本日のテーマは「サラリーマンが商業出版をするために今日からできる3つのこと」をお話ししますが、みなさんに考えていただきたいことは、「なぜ自分は出版をしたいのだろうか？」というそもそもの動機と、「どうしても伝えたいことは何か？」という自分の心の底から湧き上がる想い、この2点です。

ダブル側面返し

大きく分けて2つの側面があるかと思います

20

「これは答えづらいな……」という質問に答えざるを得ない場合、みなさんにもあると思います。ストレートに回答できればいいものの、そうしたら角が立ちそうだし誤解も生まれそうだし……みたいな質問。イヤですよね。

そんなときに、スマートかつ他の人を不用意に刺激することなく返せるフレーズが、この**「ダブル側面返し」**なのです。

たとえば、「ツイッターをやってる経営者ってどう思います？　そんな時間あるなら自分の事業に使えよって思うんですけど」みたいな質問をされたと仮定します。これ、ストレートに返しづらいですよね。

「ですよね！　私もそう思います！　バカだと思います！」って返したら多種多様な人を敵に回しそうですし、かといって面と向かって否定するのも逆ギレされそうでイヤですよね。

そんなときに、いったん受け止めつつダブル側面返しをしてみましょう。

「なるほど。これには大きく分けて2つの側面があるかと思います。おっしゃるように、ツイッターでどうでもいい情報を流し続けて仕事をしない、というのは経営者と

して確かによろしくない行動ですよね。ただ、もう1つの側面として、経営者が積極的に情報発信をすることで、自社の取り組みや製品が幅広く認知されるきっかけにもなるので、プラスに働くこともあるのかなと思います」

ちなみに私もツイッターをやっている経営者なので、この質問に完全同意したら大ブーメランになっちゃいますね……。

あえて「スタンスを取らない」

このダブル側面返しは、「答えづらい質問が来たとき、スマートかつ他の人を不用意に刺激することなく返答する」という目的のために使うものです。なので、「いや、私はそんなふうには思いません！」と強烈にスタンスを取る必要はありません。それはまた別のタイミングにとっておけばよく、今回の目的はそうじゃなかったはずです。

つまり、側面その1に関しては、「確かにそういう側面ありますよね、あなたのおっしゃる通りですよ」と穏やかに同意しつつ、側面その2で「とはいえ、このような考え方もありますよね」ともう一方のサイドにもしっかりとアピールする。

こうすることで、両陣営から「なんだ、話のわかるやつだな」と思ってもらい、その後のスタンスを取ったディスカッションでも、生産的な話ができる確率が増えていくはずです。

ダブル側面返しは答えづらい質問が来た際に使う、あえてスタンスは取らない。これらを意識して、返しづらい質問にもサラサラ答えられる人を目指すとよいと思います。

NG 損する説明

（「日本の大企業で働くのってもはや時代遅れですよね？」という質問に対して）

マジめっちゃわかりますそれ。あーやっちゃってんなって感じですよね（笑）。

OK 得する説明

（「日本の大企業で働くのってもはや時代遅れですよね？」という質問に対して）

ご質問ありがとうございます。この件に関しては、大きく2つの側面からお答えさせていただければと思います。1つは、ご指摘の通り「日本の大企業で働けば人生安泰」という考えが通用しなくなってきた理由、もう1つは「それでもあえて日本の大企業で働く」という選択肢を取るべきケースについてです。

今回お伝えしたいことは、全部で5つです

21

ちょっと長めの話を伝えたいとき、どのように話すべきか悩んじゃいますよね。話をスタートしたはいいものの、途中で何を話しているのかわからなくなってしまうケースもあります。自分自身何を話しているのかわからないのですから、もちろん聞き手もわかりません。

そのような迷走を防ぎ、聞き手に「ああ、今回はこれが伝えたいことなのね」と納得してもらうためのフレーズ、それが**「5バレット（箇条書き）設定」**です。

たとえば、最近では多くの方が関心を持っているであろう「転職」について話す機会があったとします。「転職について1時間話そう！」となったとき、5バレット設定をせずに話すと8割以上の確率で話が脱線します。

私が何も計画せずに話したら、自分の若かりし頃のアホな失敗、上司や先輩にバチバチに怒られたエピソード、そうした雑談だけで1時間終わってしまいそうです。そうならないために、5バレット設定を使ってみましょう。

「本日は転職についてお話しさせていただきますが、今回お伝えしたいことは次の5つです。1つ目は、ここ10年間の中途人材の需要トレンドについて。2つ目は、その

中でも特に価値が高いとされている中途人材の特徴。3つ目は、そのような人材になるために日々の仕事で意識しておくこと。4つ目は、転職を通じたキャリアアップのために明日からできること。5つ目は、おすすめのエージェントさんのご紹介です。これら5つのポイントを聞いていただくことで、転職に関する網羅的な理解、および明日からの具体的なアクションへの落とし込みをしていただければと思っています」

最初に5バレット設定で話を整理することで、話がとっ散らかることなく、わかりやすい説明を実施できそうですね。

少なくするのはOK、多くするのはNG

5バレット設定は、話の構成によって3バレットや4バレットにしてもOKです。20〜30分で終わる話であれば、3つや4つで十分です。

逆に、「6つや7つ、8つに増やしてもいいの?」という疑問もあるかと思いますが、これは基本的にNGです。あまり多くしすぎると、聞き手の集中力が削がれてしまいますし、話し手側も疲れてしまいます。

7つや8つになりそうな場合は、「どれか合体できないかな？」と考え、3つ～5つぐらいに抑えるといいでしょう。

話が長い、まとまりがない、何を伝えたいのかわからない、と言われがちなあなた、ぜひ「今回お伝えしたいことは、全部で5つです」という5バレット設定を使ってみてください。一気に話が通りやすくなることうけ合いです。

相手もどこに集中すべきかすぐにわかるので、メモを取ってもらえる確率も高まるでしょう。長い話をする際は必須と言っても過言ではないフレーズですので、ぜひバンバン使ってみてください。

NG 損する説明

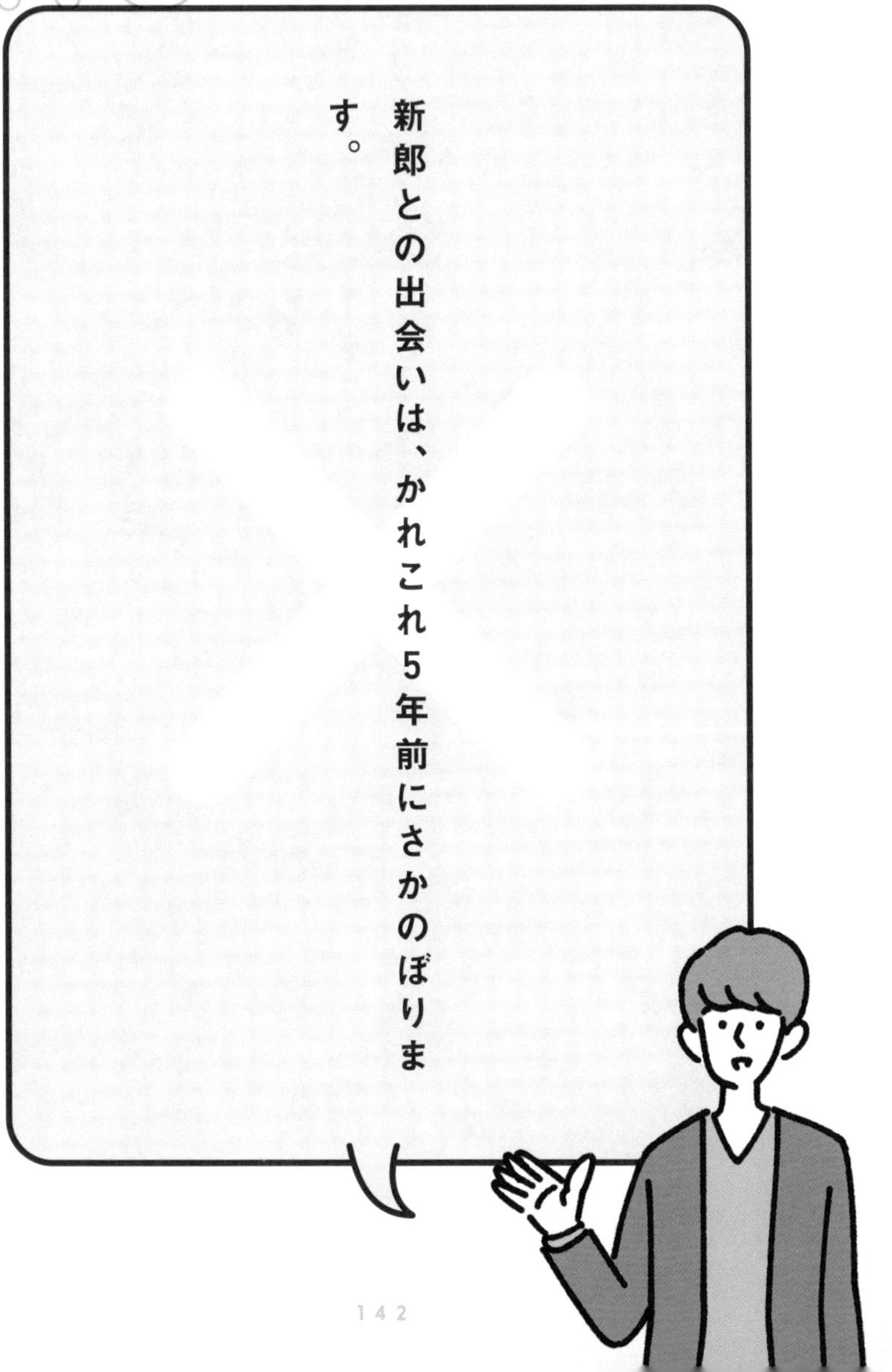
新郎との出会いは、かれこれ5年前にさかのぼります。

OK 得する説明

新郎に関してお伝えしたいことは、全部で5つございます。古くからのご友人はご存じのエピソードもあるかもしれませんが、どうぞお付き合いください。

一点撃破

22

今日は○○についてのみ、お話ししたいと思います

先ほどの5バレット設定は、「ちょっと長めの話を伝えたいときの、迷走を防ぐためのフレーズ」でした。

ただ、そこまで長い話を1人でする機会は、おそらく多くはないかと思います。

特に最近はダラダラミーティングは嫌われる傾向にあり、30分程度で終わるミーティングがメインですよね。そのような場合、1人が話す時間は5～15分ぐらいかと思います。

現在主流となっている短時間ミーティングで、自分が伝えたいことを明確に伝えるためのフレーズとしてめちゃくちゃ使えるのが、この**「一点撃破」**です。

「今日は〇〇についてのみ、お話ししたいと思います」とスタートすることで、議論のフォーカスが一気にそこに定まります。

限られた時間の中で濃密な議論をして、意思決定にまでつなげる。それを毎回の短時間ミーティングでできる人になれば、「説明がわかりづらい！」と言われることは皆無となるでしょう。

せっかくなので5バレット設定と同じく「転職」について友人から相談を受けたケ

ースについて考えてみましょう。あまり時間が取れず、20分程度オンラインでアドバイスする、みたいなケースですね。

そんなとき、5バレット設定のように中途人材の需要トレンドなどについて言及していたら、大事なところを話す前にバイバイすることになってしまいます。

そうではなく、

「今日は時間が限られているから、すごくおすすめの転職エージェントさんの紹介についてのみ話すね」

と頭出しをするのです。

悔いのない転職をしたいと考えている友人が最も必要としている情報＝よい案件をたくさん持ちつつ、親身なサポートをしてくれるエージェントさんの紹介のみに徹するのです。

そうすることで、友人は短時間でとても価値のある情報を手に入れることになり、あなたに全身全霊で感謝を捧げることになるでしょう（たぶん）。

30分以上かかるミーティングでは避けたほうが無難

非常に汎用性が高く、かつインパクトも大きい一点撃破ですが、1つだけ注意すべきポイントがあります。それは、会議時間です。具体的には30分以上（45分とか1時間とか）のミーティングやプレゼンの場合、一点撃破フレーズを使うのは避けるべきです。

一点撃破はとてもわかりやすく注意を惹ける一方、会議時間が長い場合に使ってしまうと、「あれ、こんなに時間があるのに1点だけなの⁉」と思われてしまうリスクがあります。

その場合、それこそ5バレット設定を使い、「網羅的に情報提供し、価値のある時間にしますよ」という形にしたほうが聞き手の満足度を高められます。

一点撃破で15分話した後、さらに議論が発展しそうな場合はその限りではないのですが、基本的には30分以下のミーティングで使っていくようにしましょう。

一点撃破、5分だけの軽い1on1ミーティングなどでももちろん使えますので、どんどん使って「短時間高インパクト説明」ができる人に変貌していきましょう。

NG 損する説明

本日は、弊社の成り立ちや今に至るまでの歴史、経営陣のプロフィール、各事業部の概要説明、御社に対する理解、市場を取り巻く環境、弊社のサービス概要などについてお話ししていければと思っております。

OK 得する説明

本日は、時間に限りがございますので、「弊社サービス導入が御社にどのようなメリットをもたらすのか」についてのみお話ししたいと思います。

弱点暴露

23

〇〇という欠点がありますが、
改善可能です

突然ですが、「いいことばっかり言う人」ってうさんくさくないですか？

どんなモノゴト、どんなヒトにもよい側面もあれば悪い側面もありますし、強みは状況によっては致命的な弱みにもなります。

にもかかわらず、早口で「弊社のサービスは本当に最高で、どんな場合でも誰に対してもおすすめです。とても人気で提供数も限られていますし、すぐに購入すべきですよ」みたいなことを言われてしまうと、ちょっと「ウッ」ときますよね。『北風と太陽』の寓話にもあるように、「とにかくゴリ押し」はあまり効果がないのです。

そうではなく、自ら「いやー、ここだけは正直微妙なんですよ。でも、これこれこうすればそのデメリットはカバーできるんで、どうですか？」とさらけ出すことで信頼される説明になるフレーズ、それが**「弱点暴露」**です。

コンサルティングファームで働いていた頃、コンサルティングプロジェクトの実行に加えて、営業活動のサポートもしていました。

ただ、本業はあくまでもコンサルティングであったため、「毎月ここまで売らねば」

という売上目標はなかったんですよね。そのおかげもあり、「うちの強みと弱みを考えたとき、お客さまにとって本当に最高の提案になるのか？」と考え、「正直この分野は弊社よりも他のコンサルティングファームに依頼したほうがいいかなと思います」と率直にお伝えすることも多かったです。

普通の人はやらないからこそ、圧倒的な信頼度向上につながる

「そんなこと言ったらお客さんに逃げられちゃうのでは⁉」と思う方もいるかと思いますが、意外とそうでもないんです。

自ら「ここは弱いんですよね」と言うことで、「逆にここは自信あるんです」という自己アピールもばっちりできますし、何よりも「ああ、この人は自分に不利なことも率直に言ってくれる、信頼に値する人なんだな」と思ってもらえ、長期的にいい関係を築くことができるのです。

普通の人は、自分や自社の弱みをさらけ出すことはできません。怖いですからね。ただ、率直に「ここが欠点です」「このようにカバーすることができます」と伝え

られれば、信頼度は下がるどころか上がります。

相手方から見たら、そのようにしっかり自己分析ができていて、かつそれをさらけ出せるオープンな人は、誰よりも信頼できるパートナーとして映るのです。

あなたの説明の信頼度をグッと上げるためにも、勇気を出して「ここは欠点なんです」とオープンにしてみましょう。

オープンにすればするほど信頼される人になり、かつ毎日取り繕う必要もなく、どんどん前向きになっていくという副産物も生じるので、説明力の向上だけでなく仕事全般がうまくいくようにもなりますよ。

NG 損する説明

この本、マジで何の欠点もなくゴリゴリに説明力アップできるから、すぐ書店に行って買ったほうがいいよ！

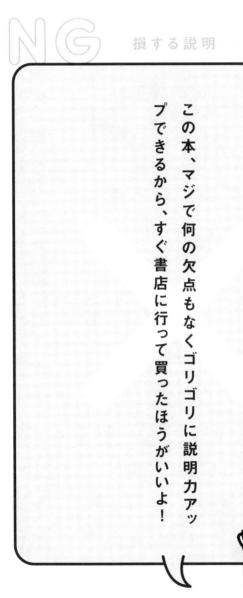

OK 得する説明

この本、フレーズが40個あるので一気に覚えるのが少し大変かもしれないけど、「おーこれ使えそうだな」というところから1つずつ実践するだけで、目に見えて説明力が向上するよ！

24 このギャップを埋めるために

唐突ですが、人生って難しいですよね。

みんな、「どうすれば幸せになれるのか」と考え、いい大学や大企業に入ることを目標にしたり、「いやいや好きなことで生きていこう」となったり、年を取ってくると「何よりも健康が大事だ」となったり、右往左往しがちです。結果、「誰にでも適用される具体的な正解はない」という結論に落ち着くことが大半ではないでしょうか。

このような「答えがない問い」に悩む人も多いと思いますが、一方で「ある程度答えがある問い」もあります。

たとえば、経理システムを導入する際、基本的にはそのシステムの設計に合わせて現状のプロセスを調整する必要があります。あるいは、あなたが卓球の初心者でフォア打ちを続けることもままならない場合、「まずは壁打ちできること」がゴールとして設定されます。大学受験も、もちろん学校によって問題のクセはありますが、ある程度の学力をつけるための道筋は明確になっています。

このように「ある程度答えがある問い」については、現状とゴールのギャップを明確にしたうえで、そのギャップを埋めるためのアクションを愚直に繰り返していけば、ゴールにぐいぐい近づいていくことができます。その際に活用されるのが、この**「ギャップ埋め立て」**フレーズです。

たとえばあなたが代理店開拓担当者で、上司に中間報告をしないといけないタイミングがあったと仮定します。そのときにギャップ埋め立てフレーズを使うと、こんな感じになります。

「現状、〝半年で20の代理店を獲得する〟というゴールに対して、3カ月で7件の契約締結を完了しました。このままのペースだと半年で14となり、未達となってしまいます。このギャップを埋めるために、成果報酬でアポ取りをしてくれるベンダーさんと契約したいのですが、いかがでしょうか？　具体的な費用および効果予測についてはこちらにまとめてあります」

こんな感じで定量的に考え、「このままでは未達になる」という不都合な事実からも目をそらさず、かつそのギャップを埋めるための解決策も提案してもらえたら、上司としてはとっても安心です。結果を出してくれそうな雰囲気も感じますね。

ギャップ埋め立ての考え方を知らない場合、こんな形になります。

「半年で20の代理店を獲得しなければいけないのですが、まだそこに達する見込みは立っておらず、より行動量を増やしていかねばと考えております」

聞き手からすると、具体的にどうなっているのか、何をすればいいのかがわからないですよね。これだと上司からの信頼を得ることは難しそうです。

目指すべきゴールが明確&具体的なときに限定して使おう

「ギャップ埋め立て」は非常に使いやすいフレーズですが、「人生」「キャリア」「恋愛」など、諸々複雑だったり人によって価値観の違いがバチバチに出てくるトピックの場合は避けたほうが無難です。

あなたにとっての人生のゴールと、相談者の人生のゴールは、最低でも59度ぐらい方向性が違うはず。そのときにギャップ埋め立てを使うと、「なんか考えを押しつけてくるんですけど、この人(汗)」となるのがオチです。あくまで、明確かつ具体的なモノサシがある場合に限定して使っていきましょう。

NG 損する説明

月次目標まであと200万円足りてないので、とにかく足を動かして頑張ります！

OK 得する説明

月次目標まであと200万円足りていないのですが、見込みのお客さまからの問い合わせが5件ほどあり、そのうち3件決まると目標達成が可能です。ただ、今までの実績から考えると、このままだと2件クローズで着地しそうです。このギャップを埋めるために、今月末までの特別値下げプランを提案してなんとか3件クローズしていきたいのですが、よろしいでしょうか？

先回りアンサー

25 最初にお断りしておきますが

「はじめまして」の人が多いミーティングだったり、どんなバックグラウンドの人が参加しているかわからない状況でレクチャーや講演をしないといけないとき、ありますよね。

そういう場合、参加している人の有している知見や期待値がバラバラで、話し終わった後に「思ったのと違う！」と批判的なニュアンスをたっぷり含んだ質問やご意見をいただく可能性が高くなります。そのような状況を防ぎ、ある程度みなさんの期待値調整をサクッとするために、この**「先回りアンサー」**が活躍します。

私は以前、コンサルティングファーム勤務時代、クライアント企業の若手層の方々向けに「成果を最大化するプロジェクトマネジメントのコツ」というタイトルで講演をしたことがあります。「60分講演、40分質疑応答&ディスカッション」みたいな建付けでした。このような場面こそ、先回りアンサーの活用のしどころです。

「最初にお断りしておきますが、今回のトレーニングだけで、最高のプロジェクトマネージャーになれる！ということはありません。今回は、プロジェクトマネジメントの全体像をつかんでいただき、かつ〝プロマネができるようになるとこんなに仕事が

うまく回るんだな！〟という魅力を心底ご理解いただくことをゴールとしています。それに加えて、後ほど具体的なプロマネのコツもご紹介していきます。実践難易度が高くないものを厳選して紹介しますので、明日からすぐに仕事がうまく回りだします。その後も、実践と座学を繰り返して学んでいくことで、プロジェクトマネジメントに関して体系的な知識および経験を手に入れることができます！」

このように「最初にお断り」することで、「これに参加するだけで一気にできるようになるんだ！」という先入観を排除できます。そうではなく、全体像の把握と魅力の理解、そこにフォーカスしてもらうことで、トレーニングの効果が最大化されるのです。

「最初にお断り」の後、プラスの側面をアツく語る

先回りアンサーをすることで、いい感じに期待値調整ができ、話を終えた後に「なんか思ったのと違ったわ」と思われたり、変な角度からの質問が飛んできたりすることはなくなります。

一方、先回りアンサーをするだけで終わってしまうと、その場の熱量が少し下がってしまうデメリットがあります。さっきのトレーニングの例で、「最高のプロジェクトマネージャーになれる！ということはありません」で終わってしまったらさみしすぎますよね。「せっかく時間を取って参加したのに！」とがっくりされる方が出てくるかもしれません。

そうならないために、「最初にお断り」をした後は、その代わりに得られる効用について暑苦しく語っていきましょう。そうすることで、ちょっと下がったテンションがグワッと回復し、参加している方々を一気に前のめりモードにすることができます。

くれぐれも「最初にお断り」だけで終わらせて、聞き手をしょんぼりさせないようにしてくださいね。

NG　損する説明

今までのお話で貴社のメリットは十二分に感じていただけたかと思います！　契約に進ませていただいてもよろしいでしょうか？

OK 得する説明

最初にお断りしておきますが、ごく少数ではあるものの、中には弊社サービスにご満足いただけなかったお客様もいらっしゃることは事実です。ただ、今までの商談の中で、A社さまであればほぼ間違いなくお支払いいただいた金額以上のメリットをご提供できると確信しております。

イグザジャレイト

26

極端に考えますと

迷っている人の背中を押すフレーズはいろいろありますが、有名なものの1つがアップル創業者であるスティーブ・ジョブズ氏の「もし今日が自分の人生最後の日だとした場合、今日やる予定のことは本当にやりたいことなのだろうか？」です。

本当は何かに挑戦したくても、他人の目や生活の安定などが気にかかってしまい、どうしても一歩踏み出せない場合には特に響きます。

もしこのフレーズが、シンプルに「やりたいことをやろう！」だと、インパクトがだいぶ弱まります。「それはそうだけど、お金の問題もあるしね」と流してしまいそうです。この差を生んでいるのが「極端さ」です。

私たちは、おそらく今日死ぬことはありません。平均寿命から考えると、あと数十年は健在です。ジョブズ氏は、その想定をいったん吹き飛ばし、「今日が人生最後の日＝今日が死ぬ日だとして、君は本当に満足できるのか？」と極端な問いかけをしています。

この問いかけにより、聞き手は「今日死ぬのか……。そうなったとき、本当に自分は満足して逝けるのか？」という本質と真正面から向き合わざるを得なくなります。

極端な表現や仮定を置くことで、本質を浮かび上がらせる、それが『**イグザジャレ**

イト＝極端な問いかけ」の効果です。

「モノやカネの大小」「期間の長短」を極端にする

たとえば、あなたがマーケティング担当者で、全社会議で社長から「売上をもっと増やしていきたい」「予算を今の3倍にするから、広告出稿を増やして見込み顧客を増やしてほしい」と言われたとします。

売上を増やすために広告に予算投下すること自体はアリです。ただ、現状、1人の顧客を獲得するマーケティングコストが、販売単価を上回っている、つまり「売れば売るほど赤字になる」となってしまっていることをあなたは知っています。こんなとき、「イグザジャレイト」を活用してみるといいでしょう。

「社長、短期的に売上を上げたいお気持ちはわかりますし、広告費を3倍にしたときにおそらく売上は1・5倍になります。ただ、赤字幅はさらに拡大し、現状の2倍になる想定です。今後のビジネス拡大も見据えて極端に考え、広告費を10倍にした想定だと、赤字は現在の6・5倍になります。これだと長期的な成長は難しいため、広告

費投下の前に、利益率改善に取り組む方向で進めたいのですが、いかがでしょうか？」

こうすることで、「売上向上のためのマーケティング費用投下ではなく、利益率の改善を主目的にすることで、長期的な成長が可能になる」という本質をあぶり出すことができます。

この例は「カネの大小」でしたが、「このままのペースが2年続く、と極端に考えますと」のような形で、期間の長短でイグザジャレイトを使うこともあります。

目先のことだけでは見えない本質をあぶり出すための「極端な想定」、どんどん活用してみてください。

NG 損する説明

ついに1ドル150円になりましたね。輸入価格高騰に備えないといけませんね。

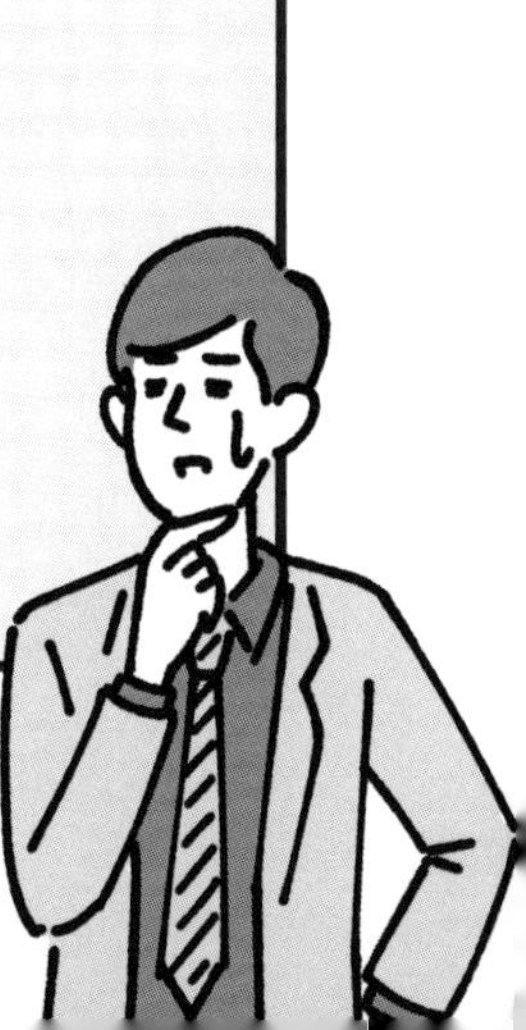

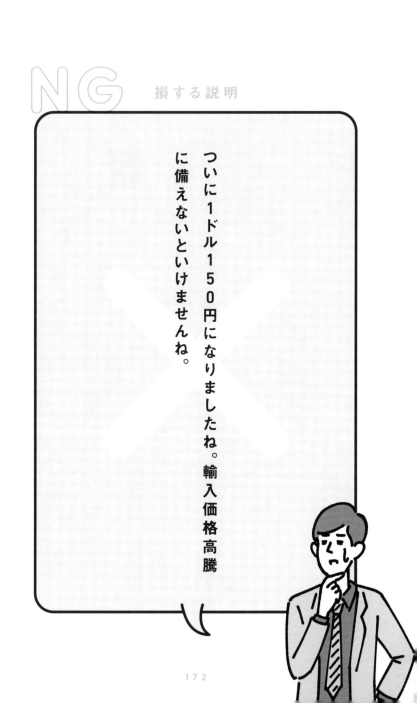

OK 得する説明

極端に考えて、今の円安がこの2カ月のペースであと2年続くとすると、2年後には1ドル250円を突破します。その場合、原材料費や輸入コストが現在の約1・7倍に膨れ上がります。それでも利益を出せる体制にするための調達戦略を至急考えたく、プロジェクトとして進めさせてください。

逆転思考

27

あえて逆に考えてみましょう

「これからの時代、最低限英語を自在に使えるようになっておくべきだ」っていう意見、そこかしこで見ますよね。

私自身、コンサルティングファームに入って3年目のとき、なぜか「来週からシンガポールのプロジェクトだからね。頑張ってね」というお話をいただき、「海外で働くのか、大変そうだな。でもなんとかなるのかな」と思って行ってみたら、まったくなんとかならず、半泣きで仕事していたのが懐かしいです……。

ただ、そこでのヘビーな経験のおかげで、その後、英語力を活かした仕事のチャンスをいろいろいただけているので、人生何が幸いするかわからないものです。

確かにこれから英語はより重要性を増すでしょう。ただ、だからといって「これからの時代、英語をしっかりやらないとだめですよ！」と正論を言われても、なかなか素直に聞き入れる気にはなれない人が大半です。

とはいえ、ビジネスパーソンであれば、そういう耳が痛い正論をしっかり伝えないといけないケースは少なくありません。

そんなとき、あまのじゃくな人やちょっと頑固な人にも、「あ、確かに。やってみよう」と素直に思ってもらうための武器となるのが、この**「逆転思考」**フレーズです。

「これからの時代、英語を勉強すべきだ！とはよく言われますが、とはいえ一から勉強しなおすのは大変な気がしますし、なかなかやる気にもならないですよね。ここであえて逆に考えてみましょう。引き続きまったく英語を勉強しない場合、今後の仕事の機会がどうなるか、想像してみましょう。これから日本の人口は減少の一途をたどり、経済規模も縮小していき、円安も拡大していく。そんな中、英語をまったく使えないままだとすると、キャリアの安定度が損なわれる感じ、しませんか？」

このように「あえて逆に考えてみる」ことで、単純にまっすぐ「やるべきです！」と言われるよりも、「あ、確かに。もう少し真剣に考えるべきだな」と思えてきませんか？

「当たり前のこと」を伝えたいときに最適

この逆転思考は、「当たり前のこと」「常識的なこと」を伝えたいときに最適です。当たり前のことや常識的なことは、いろんな人がいろんなところで耳にしていて、今更改めて聞いても「知ってるわ」「わかってるよ」みたいな反発を食らう可能性が高いのです。

そんなとき、逆転思考により「逆から考えてみる」ことで、「あー、確かにそれはそうだわ」という納得感を与えることになるのです。

反対に、今までとは違う独創的な意見やアイデアを伝えたいときは、「あえて逆から考える」必要はありません。

そのときは、素直にその独創的なアイデアをストレートに伝えましょう。逆転思考が効果を最大限に発揮するのは、あくまでも伝えたいことが「当たり前のこと」であるケース、と覚えておくといいでしょう。

NG 損する説明

さすがにこのままのペースでの人材採用は危険すぎませんか？

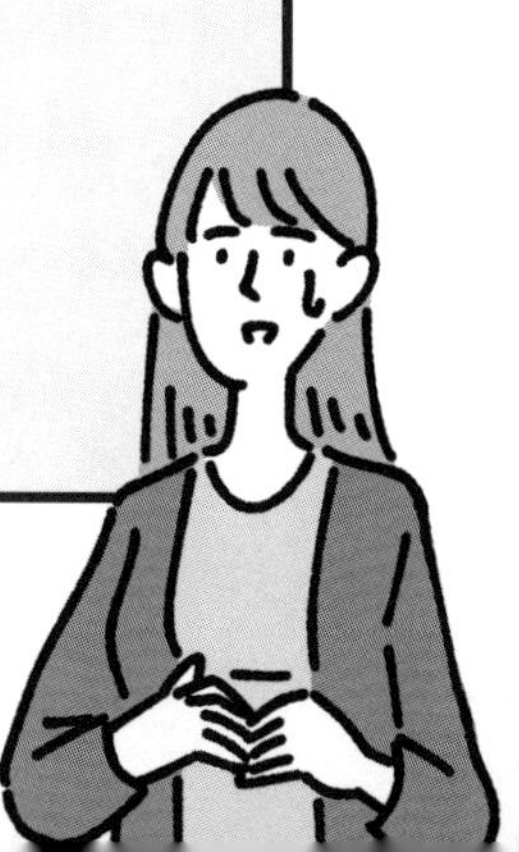

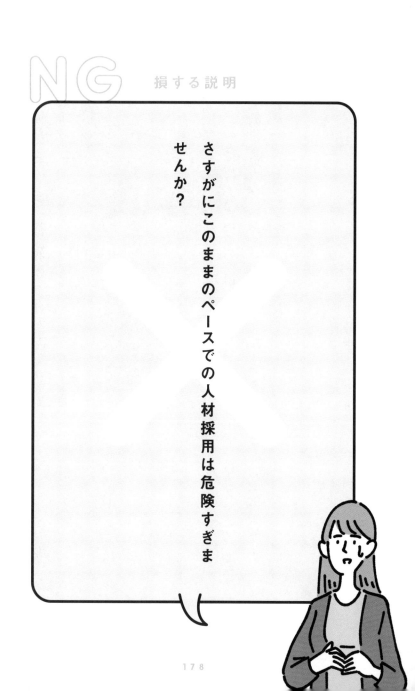

OK 得する説明

あえて逆に考えてみたいのですが、このままのペースで人材採用を続けていった場合、半年後の固定費ってどのぐらいになりそうでしょうか？

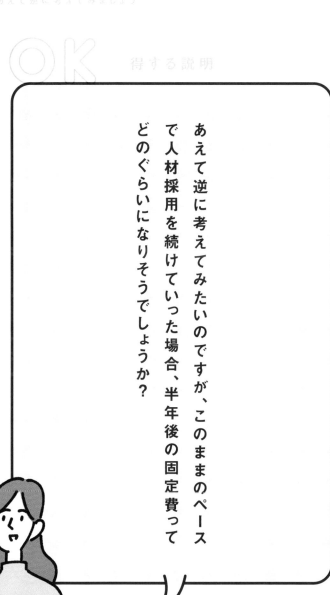

東京ドーム法

これは□□の○個分の大きさ（広さ、数）です

28

「ビジネスパーソンたるもの、数字に強くなれ」みたいによく言われますよね。

確かに、ミーティング中にいろんな数字をちりばめたわかりやすいプレゼンテーションとか、できたらめちゃくちゃカッコいいですし、ファイナンスに強い人とかデータサイエンティストみたいな人たちの仕事を見ていると、ド文系の私は「なんかよくわからないけどすごい」と無条件で憧れを抱きます。

この無条件の憧れ、私だけではなく多くのビジネスパーソンが持っているある種のコンプレックスです。なので、日々の仕事の中で数字をいい感じに操ることができれば、「この人、優秀！」という視線を集めやすくなるのです。

その「数字をいい感じに操るコツ」こそ、この**「東京ドーム法」**なのです。

いろんなニュースやドキュメント番組で、「これは東京ドーム25個分の広さです」みたいな但し書きコメント、見ますよね。

個人的には「東京ドーム25個分」と言われてもピンとくるようなこないような感じなのですが、よく知られている例なのでこちらをネーミングに使わせてもらいました。

あえて定義すると、「大きすぎる数字や小さすぎる数字を、イメージしやすい何かで表すことで理解を促進する」という感じでしょうか。実際のビジネスシーンでは、広さ以外にもお金や時間軸について使うことが多くなりそうです。

先日、奥さんと久々に原宿に行ってきたのですが、原宿駅前にはひときわ目立つ建築物「ウィズ原宿（WITH HARAJUKU）」があります。そこの4〜7階、9・10階は「ウィズ原宿レジデンス（WITH HARAJUKU RESIDENCE）」という居住スペースで、ふと「いくら払えば住めるんだろうな……」と思ったところ、なんと月額家賃が277万円！でした。

ここで「あそこ、月額家賃277万円だって！」と言っても額が大きすぎてピンときませんが、「ウィズ原宿に半年住む金額と、ロールス・ロイス1台がほぼ同じ金額なんだよ！　もし2年住む場合、ロールス・ロイスが4台買えちゃうってことだよ……」と言ったら、「それはヤバい」となりますよね。それにしても、月額300万円弱の家って、どんな人が住むんでしょうね。それこそピンときません。

数字に「わかりづらさ」を感じたら、すぐに東京ドーム法

東京ドーム法、実は非常に実用性が高く、これを使った説明ができると、あなた自身の評価が上がるのはもちろん、チーム全体の生産性が向上し、間違った意思決定を防ぐこともできます。

たとえば、「新規で広告予算を月2000万円分取ってきて、いい感じに運用しよう」という話が降ってきたと想定します。東京ドーム法を使うと、

「月2000万円って、年収1200万円の人を20名雇える金額ですけど、本当に今そんな金額を広告に投下すべきでしょうか？　そのような大々的な投資をする前に、今のプロセスを精緻に見なおして、サービスのよさを本当に訴求できているか確認したいです」

という形で、生産的なディスカッションにつなげることができます。あまりにも無理な要求を引き受けることを避けるためにも使える便利な「東京ドーム法」、少しでも数字に違和感を覚えたら、ぜひ使ってみてください。

NG 損する説明

iPhone14、安くても12万円するらしいよ！　めっちゃ高くない？

OK 得する説明

iPhone14の値段、12万円らしいんだけど、これって
Nintendo Switchが3個買える値段なんだよ。

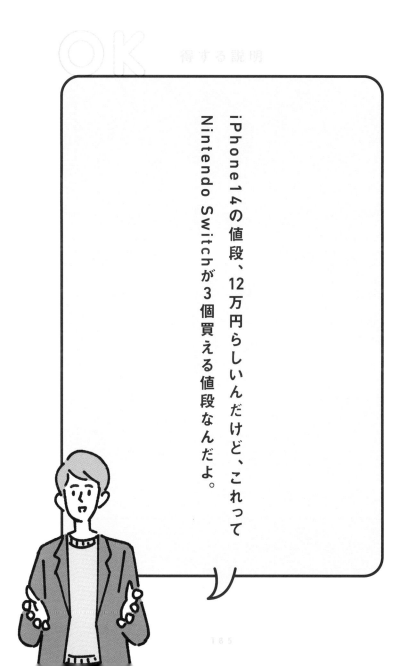

パターン抽出

成功パターンは○○、失敗パターンは△△です

29

ついやってしまう失敗の1つに、「ゼロから自分で考えようとしてしまう」というものがあります。

人類の歴史は長く、だいたいのことは先人たちがすでにやっているものです。その中には、うまくいった成功ケースもあれば、箸にも棒にもかからなかった失敗ケースもあります。このような成功・失敗ケースを収集したうえで、「絶対にやったほうがいいこと」「絶対に避けるべきこと」を抽出していくと、非常にスムーズに仕事を前に進められます。

使用シーンとしては、新規事業立ち上げ準備や、新しい国や地域でのビジネス展開準備が挙げられます。

私の場合、すでにシンガポールや台湾などで展開中のビジネスを日本でも展開する必要がありました。その際、本国の創業者やCOO、CPO、他国の社長たちに時間をもらい、「マーケティング」「セールス」「規制対応」「人材採用」「データ分析基盤」「パートナーシップ」などの領域における成功例、失敗例を学んだのです。

その結果、最小限の時間と労力で各パートの仕組みを整えることができ、ビジネス拡大に注力できています。経営者が1年目に踏んでしまいがちな地雷も、彼らから事前にアドバイスを受けていたおかげで、だいたいは避けることができました。

ビジネスにおいて、完全に新しいことを始める、という機会は実はほとんどなく、「同じ事業を他の地域に展開していく」「競合他社と同様の領域に参入する」というケースのほうが多いです。そのとき、見切り発車ではなく、以下の3つのアクションを取るように心がけてみてください。

①成功例、失敗例を集める
②そこから成功パターン、失敗パターンを抽出する
③②をベースに、「やるべきこと」「やってはいけないこと」を明確にする

パターン抽出フレーズでキレキレな提案を

このアクションを自然に取る習慣をつけるために、仕事上、何かを提案したい場合、今回のフレーズである**「パターン抽出」**をぜひ使ってみてください。

「成功パターンは○○、失敗パターンは△△です」と発言をするには、必然的にその

パターンを抽出するための成功・失敗例を集める必要がありますが、そこからパターンを紹介するだけではなく、「だから、これは確実にやりましょう」「逆に、これをやってしまうと過去と同じ失敗パターンにハマります」という提案をすることもできます。

たとえば、次のような感じです。

「ゼロから組織を立ち上げ、うまく軌道に乗った成功例、空中分解してしまった失敗例をそれぞれ10社ほど調べました。その結果、成功パターンとしては〝利益が出るまで固定費を増やさないこと〟、失敗パターンとしては〝短期的な売上の増大に乗じて大量採用してしまったこと〟だということがわかりました。これらから、私たちがやるべきことは〝固定費を最小限に抑えつつ、市場に商品が受け入れられるまで改善を繰り返すこと〟、絶対にやってはいけないのは〝ちょっと売上が上がったからといって一気に人やオフィスにお金をかけること〟だといえます」

「パターン抽出」をフル活用することで、ただ調査するだけにとどまらず、そこから納得感のあるアクションを提示できる、キレキレなビジネスパーソンになってみてください。

NG 損する説明

A支店は2年で黒字化を達成し、B支店はアンケート結果はいいものの売上は振るわず、C支店は赤字幅が拡大しています。

OK 得する説明

各支店の成功例、失敗例をそれぞれ5つほど調べました。その結果、成功パターンとしては、「店長およびメインスタッフが他支店の経験者であること」、失敗パターンとしては「店長含め新規採用したこと」ということがわかりました。これを踏まえて、今回の新規出店に際しても、少なくとも店長と副店長の2名は既存店の優秀なスタッフを割り当てるべきと考えています。

トラ威借りキツネ

30

専門家もそう言っています

会計士、弁護士、医師など、いわゆる「士師業」の方って、プロフェッショナルな感じがしてカッコいいですよね。私は国家資格とは無縁のビジネス人生を送っていることもあり、そうした士師業の方々を、「すごいなぁ」と思うことがよくあります。

このように、士師業に代表される専門家の意見は、基本的にとても尊重されます。何の資格もない一般ビジネスパーソンが「この薬めっちゃいいんですよ。副作用もなく、よく眠れるようになります」とおすすめしてきたら不安しかありませんが、睡眠に特化している内科医の先生が同じことを話していたら、「あ、じゃあそれくださいい！」と即買いしますよね。それほど「専門家の意見」というのは重要なのです。

それを意識的にやるのが**「トラ威借りキツネ」**であり、フレーズとしては**「専門家もそう言っています」**です。

医療の世界に限らず、ある特定の業界で働き続けているエキスパートからの意見は、それこそいくら払ってでも欲しいものです。

コンサルティングファームも、ビザスク、ガイドポイント、ＧＬＧなど、その業界に特化した専門家を紹介してくれるリサーチファームを介して専門家インタビューを実施し、そこで得た知見をプロジェクトの成果に援用するほどです。

「30分リサーチ」で専門家の声を集めてみる

みなさんが会議やプレゼンテーションの際、コンサルティングファームがやるように専門家インタビューまではしないと思いますが、どうしても通したい案がある際は、30分でいいのでリサーチをしてみてください。Google、YouTubeなどで十分です。

自身が通したい案と同じ方向で意見を言っている専門家の声を集め、「この意見については、T大学のA先生もこのようにおっしゃっています」と言えたら、説得力が爆上がりします。あなた自身の信頼度では足りないケースでも、ちょっとしたリサーチでトラ（専門家）の威を借りることができ、提案の通りやすさが2・5倍までアップします。

さらにアップさせたい場合は、「この領域についての専門家、いない？」と友達を当たりまくって、実際に専門家にインタビューしてしまいましょう。私自身、現職の社長選考の際、実際に歯科医の方に時間を取ってもらい、ビジネスモデルの将来像や妥当性についてかなり深くヒアリングしましたが、これは本当に効果的だったなと思います。

トラの威ばかり借りていると痛い目も見ますが、自身の知見ではどうしても足りない場合、積極的に活用してみてください。

NG 損する説明

ウェブ広告に投資をするお金があるのならば、インスタやインフルエンサー活用に投資すべきです。

OK 得する説明

B2C領域で過去に3回ほど年間売上20億円を達成した起業家から、「ウェブ広告の費用対効果は年々悪化しており、広告以外でビジネスを伸ばせるかどうかが成否を決める」というアドバイスをいただきました。

定量的には〜、定性的には〜

31

私の趣味というか息抜きの1つに「お気に入りのカフェでゆっくりおいしいコーヒーを飲みながらパンを食べ、小説やらビジネス書を読むこと」があります。土日の朝はかなりの頻度で近くのカフェ併設のパン屋に行きますし、平日も月曜日は眠い目をこすりながらほぼ毎週行っています。

この趣味について、お金という定量的なものに換算すると、正直バカになりません。

コーヒーとパンで600円ぐらいかかるので、毎月だいたい7000円、年間8万4000円、10年で84万円かかります（マジか）。とはいえ、そこで充実感、リラックス効果、などなどお金に換えづらい価値をいただいているので、やめようとは思いません。

このように、人間の行動はある程度お金に代表される何らかの数値に変換することができます。

ただ、それだけですべてが解決するかというとそういうことでもなく、お金や数字では表し切れない「ふわっとした何か」も重要視されるケースがあります。その両方をうまくカバーする伝え方として、**「定量的には〜、定性的には〜」**というフレーズがあります。

みんなにそれぞれ個別のアイデアがあり、どれにするか決めかねている場合などに、特に効果を発揮します。たとえば、コンビニやアパレルなどで新規出店場所の議論をする際、

「今実施されているような定性的な議論だけでは決めるのが難しそうです。ここで、開店準備やマーケティングにかかる初期費用や、オープン後1年間で期待できる売上などの定量的観点から各候補店舗の評価を実施し、その後また定性的な議論を再開するというのはいかがでしょうか」

みたいに**「定量&定性」**で議論を導いていくと、一気に話の方向性が定まります。

「定量モンスター」にならないように注意

定量&定性は非常に強力な一方、覚えたてのときにやりがちなのが「定量化した議論でゴリ押ししようとすること」です。

先ほどカフェの例を出しましたが、定量化ですべてが決まるほど人生シンプルではありません。カネ勘定だけで生きていくのであれば、仕事のやりがいも、家族がいる幸せも捨てて、「高い給料と低い生活コスト」だけを求める生き方になりそうですが、それって楽しいのでしょうか……?

すべてを定量化して考える定量モンスターになると、前述のように「一見正しそうだけど全然しっくりこない考え方」を常に提案するやっかいな人になり、説明もうまく通らなくなってしまいます。

あくまで定量化は意見の絞り込みに有用な1つの手段として捉え、定量&定性両方ともに目を配りながら、議論を進めていくとよいかなと思います。

NG 損する説明

今回の発注はA社さんにしたいのですが、いかがでしょう？　定期的な報告をきちんとしてくれるのがいいんですよね。

OK 得する説明

定量的に考えると、B社さんが他の会社よりも2割ほど安いです。ただ、報告の頻度や精度、改善のスピードなど定性的な要素も考えると、少々値段の差はあってでも引き続きA社さんにお願いすべきではないでしょうか。

示唆出し

32

ここから言えることとしましては

「説明がわかりづらい！」「何を言いたいのかハッキリしてくれたまえ！」と言われてしまう人の特徴の1つに、「つらつらグセ」があります。思いつくままに断片的な情報を提供していってしまうため、聞き手からすると「で？」となってしまうのです。

そのような事態を回避し、「うわー、この人の話おもしろい！」「それすごい重要なことだな」と聞き手に思ってもらうためのフレーズが、この**「示唆出し」**です。外資系企業やコンサルティングファームでは、ちょっとカッコつけて「インサイト」と言ったりもします。

データや事例などの説明をした後に、**「ここから言えることとしましては」**という枕詞をつけつつ、どんな意味合いがあるのか明確にすることで、議論を進化&深化させる効果がある強力なフレーズです。

たとえばですが、現在都内のマンション価格がどんどん高騰しています。通常、マンションは築年数が経過するごとにどんどん価値が低下していくのが普通ですが、都内、特に湾岸沿いのマンションは、築年数が10年経過しても新築時の1・5倍の値づけがされていることも珍しくありません。

この情報だけだと、「ふーん、これから都内に家を買いたい若者は大変だねえ」とか「都心に住むのはキツすぎる。フルリモートワークで郊外に住むか」みたいな感想しか出てこないですが、「示唆出し」をする意識で考えてみると、けっこうおもしろいです。

示唆は「正解」よりも「おもしろさ」

ここから言えることとしては、

・円安が進んでいることで海外の富裕層から東京のマンションが割安な投資物件と捉えられれ、需要が高まっている
・上海、ロンドン、ニューヨークなどの不動産も高騰が進んでおり、それと比較すると東京はまだまだ安いと思われている

みたいな示唆を出すことができます。

前述の場合、さらに「ここから言えることとしましては」と続けると、「今後も東京のマンション価格は上がりそうだから、ちょっと無理しても買ったほうがいいですよ」みたいな不動産営業トークにつなげることもできそうですね。

この示唆出しを使うときに重要なのは、「正解を導き出すこと」ではなく「あー、確かにそういうふうにも言えるよね！」という知的好奇心を刺激することです。

それで議論を深めた後、「よし、この方向で考えてみよう！」となったら、それを補強できる情報があるかどうか調べていけばいいのです。

「どれが正解か……」と考えだすと何も発言できなくなるので、「ここからはこういうことが言えますよね！　さらにもう一歩考えると、こうなるかも？」とおもしろい示唆をどんどん出して、会議での存在感を高めていってください。

NG 損する説明

最近原宿の竹下通りに行ったんだけどさ、めっちゃ空きテナント多かったよ。

OK

得する説明

「竹下通りに空きテナントが増えている」ということから、若者世代の興味が、「イケてるファッションでキャピキャピすること」から、「オンライン上でのコミュニケーション」に移行した、と言えるかもしれないですね。

33 コスト・パフォーマンス的に考えますと

私は「おいしいものの食べ歩き」が趣味というか、大好きです。ただ、私の場合、少し特殊で「単においしいものを食べること」にはあまり心が動きません。もちろん1万円なり2万円なり出せば、めちゃくちゃおいしいものが食べられますが、それはそれなりのコストがかかっているからで、当たり前と言えば当たり前です。

そうではなく、「この価格でこのクオリティと量なの⁉」というびっくり飯、それを求めているのです。最近だと、新橋駅前ビル1号館1Fにある「立呑み とんかつまるや」さんのランチ、ロースかつ丼（なんと500円！）にハマってます。揚げたてのとんかつを使ったおいしいかつ丼が500円、これこそハイコスパ飯、最高。

若干極端な例かもしれませんが、この「コスパ」という考え方は人類があまねく持っている概念です。

社内のミーティングやお客さまへの提案で「このアイデア、いいんです！」とアピールするときのロジックとして、これほど強力なフレーズはなかなかありません。また、いわゆるブレインストーミング的な会議でいろいろアイデアが出た後、「どれにしよう……」とみんなが悩んでいるときに、**「コスト・パフォーマンスで考えてみたらどうでしょう？」**と提案できるととてもスマートです。

たとえば、インフルエンサーを活用した新商品のプロモーションをする際、どの方に依頼すべきかディスカッションするとしましょう。そのときに、「依頼単価は高いが、たくさんフォロワーがいる有名な方」「依頼単価はそんなに高くないが、フォロワー数が少ない方」という2つの選択肢があったとします。

議論が紛糾する前に、

「コスト・パフォーマンスで考えてみましょう。〝PRを依頼する際にかかる費用〟と〝想定売上〟の2軸で比較すると、わかりやすい議論になるかと思います。想定売上は、いったんフォロワーの0・1%の方にご購入いただけると仮定してみましょう」

というような議論ができると、定性的な議論に時間を費やしたり、結論が出なかったりするということはなく、「コスパでいうとこっちの選択肢だね！」という形に議論は収束していきます。

特に相性がいいのは〝定量化〟ができるケース

このようなカジュアルディスカッションでももちろん効果を発揮しますが、「効果はばつぐんだ！」となるのは、コストもパフォーマンスも定量的に推定できるパターンです。

コストは金額や工数、パフォーマンスはそこから稼げるお金やお客さまの商談数。各打ち手にそれらの定量的な情報も付け加えることができれば、おかしな方向に進むことなく議論を収束させることができます。加えて、常に「定量化しよう」と考えるクセもつき、「この人、数字で考えられる人だ……」と評価されるというおまけもついてきます。

非常に汎用性が高い**「コスパ至上主義」**、ぜひ使ってみてください。

NG 損する説明

OK 得する説明

「今後5年間でのビジネスの広がり」と「契約に至るまでの難易度」でコスト・パフォーマンス的に考えると、A社に集中すべきだと思います。

数量比較

34

A案を1とすると、
B案は少なく見積もっても
○○以上です

大学を卒業して働きだすと、なぜこうもブクブク太ってしまうのでしょうか……。私は大学卒業時から7～8キロ増えてしまいましたが、実はまだマシなほうみたいで、周りには「20キロ増えた」と衝撃的な告白をしてきた同僚もいます。30歳を越えると男女関係なく何かしらのダイエットに興味を持ったり、食生活の改善や運動を始めたりしがちです。

食事という意味では、私はこってりしたラーメンが好きなのですが、そういうのを食べていると一瞬で太ってしまうので、ちょいちょいリンガーハットの「野菜たっぷり食べるスープ」をいただくようにしています。野菜もたくさんとれますし、麺が入っていないのでカロリーも420キロカロリーと非常にヘルシー。ただ、この「420キロカロリー」というのがいったいどのぐらいなのか、ダイエッターでなければ想像がつきづらい。

こってり系ラーメンの代表格「ラーメン二郎」のカロリーは、だいたい1600～1800キロカロリーと言われています。つまり、「『野菜たっぷり食べるスープ』のカロリーを1とすると、二郎は少なく見積もっても3以上」になるわけです。こうすることで、「ラーメン二郎は野菜も肉も入っている健康食だ！」と主張する過激派を一掃でき、「野菜たっぷり食べるスープ」のヘルシーさを強調することができました。

数量比較は図解との相性◎

「数量比較」をすることで、単純にデータをバン！と出すよりも、よりわかりやすく鮮烈な印象を与えることができます。この効用をさらに強めるために、図解してみてもいいかもしれません。

「今回の施策により、ウェブサイトからのコンバージョン率が１％になります！」と言っても、それがどのぐらいすごいのか、専門家やその取り組みをずっと続けてきた人以外にはピンときません。

数量比較を使うと、

「今回の施策を実施することで、ウェブサイトからの購入率が１％になります。１％というと、たいしたことないなと思うかもしれませんが、今までの購入率は０・２％でした。つまり、今までの売上と比較して、５倍達成できるのです」

という言い方になります。すごさが伝わりますね。

この例では、簡単な棒グラフを作るとよりよいかもしれません。口頭説明だけでももちろんインパクトはありますが、ビジュアルで見せるとさらに効果的ですね。

「スライド作りが苦手！」という人もいるかもしれませんが、ぜひこの数量比較をきっかけに「わかりやすい！」と言ってもらえる快感を得て、他の説明をする機会でもスライドを積極的に作っていくきっかけにしてもらえればと思います。

口頭説明の印象を強く与えることに加えて、資料作成のモチベーションも上がりやすい数量比較、ぜひぜひ使ってみてください。

NG 損する説明

「劇場版 鬼滅の刃」の興行収入、404億円なんだって！

すごいよね。

OK 得する説明

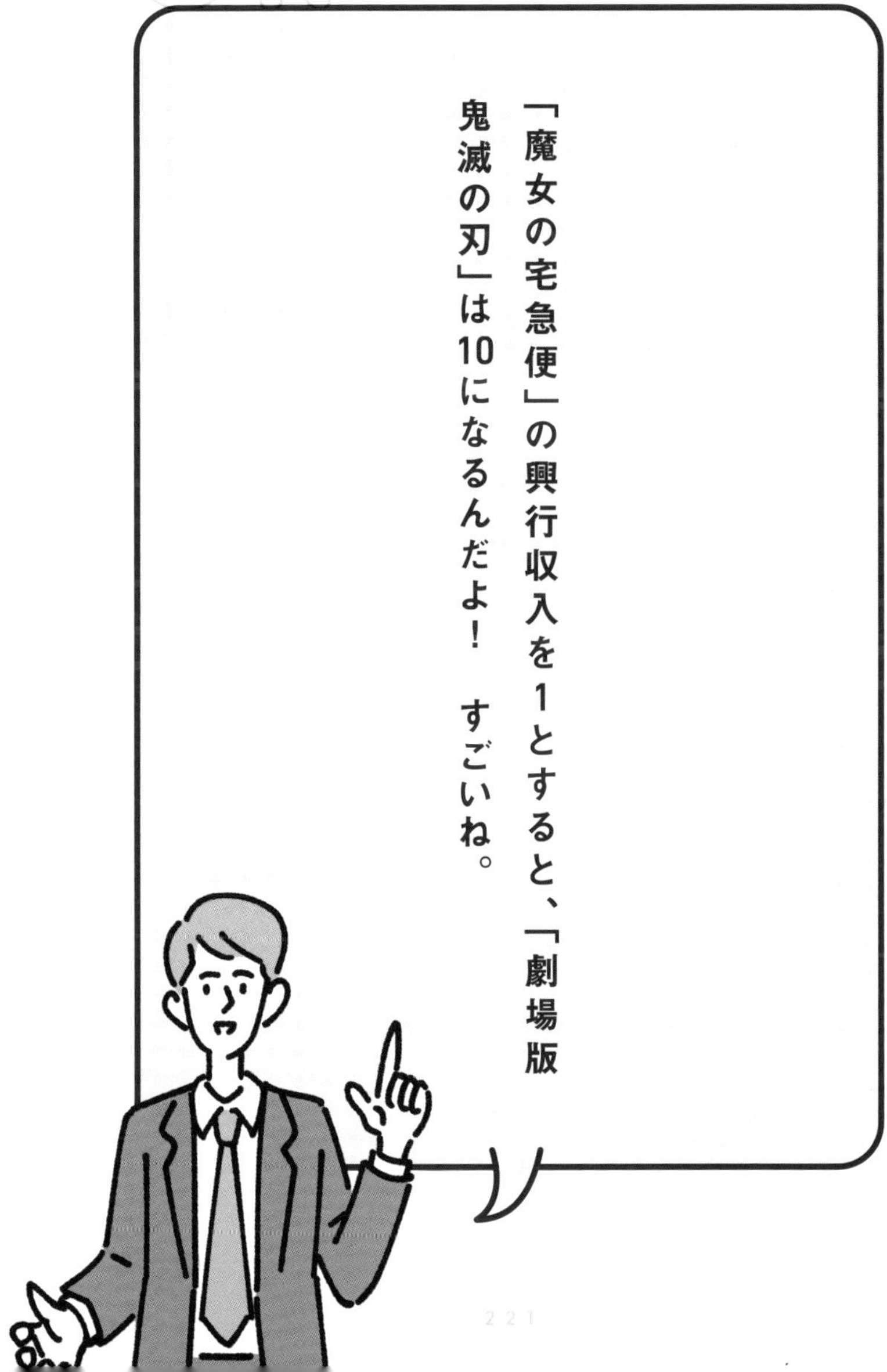
「魔女の宅急便」の興行収入を1とすると、「劇場版鬼滅の刃」は10になるんだよ！　すごいね。

先方憑依

相手の立場で考えると

35

この世の中の93%ぐらいの人たちは、ほぼほぼ自分のこと、プラスアルファで家族のことぐらいしか考えていません。どうしたら自分がハッピーになれるのか、イヤな思いをしなくて済むのか、それなりに楽しく過ごせるのか、それがほぼすべての人たちの脳内を占拠している考えです。

だから、「新しい事業を立ち上げるぞ」「既存事業をさらに伸ばすための戦略を考えるぞ」と威勢のいい掛け声のもとに集められたプロジェクトチームも、いつの間にか普段の思考のクセが出て、「どうしたら自社が儲かるか？」「どうしたら他のヤツらを出し抜けるか？」という議論に終始してしまいがちです。

ビジネスだけではありません。恋愛相談やキャリア相談を受けた場合、相談してきた人の状況を心底理解し、ロジックだけではなく感情的な側面にも配慮し、そもそもアドバイスをすべきなのか、「うんうん、わかるよ」とにこやかに話を聞くにとどめるべきなのか、そういうことを考えながらコミュニケーションを取るべきです。

それなのに、相談してきた人の気持ちになるどころか「いやそれはおかしい、こうすべきだ」という自分の意見の押しつけや、「私はね、過去にこんな結果を出してきてね」という自慢話が始まってしまう！　人の世は生きづらいものですね……。

そんな生きづらい世の中で、「この視点はなかった」「確かにこれはうまくいく！」という議論を導くきっかけとなるフレーズが、この**「先方憑依《ひょうい》」**です。

フレーズとしては非常にシンプルで、**「相手の立場で考えると」**なのですが、前述の通り、この「相手の立場で考える」がポーンとすっぽ抜けているケースが非常に多いため、これをスッと差し出すことで議論が一気によい方向にドライブされます。

そもそもビジネスは「誰かを喜ばせることで対価を得る」という活動であるため、「相手の立場で考えると」は必須も必須、超必須な考え方なのです。

私が今まで出会ってきた優秀な営業の方は、みなこの考え方をマスターしていました。自社のサービスを売るのが最終目的であったとしても、「まずは御社の状況を聞かせてください」「なるほど、それであればこのような人を紹介しますね！」などなど、まずは相手視点で考え、困りごとを解決することに注力するのです。

そして、「ああ、この人には本当にお世話になったし、この人が勧めるものなら間違いあるまい」と思ってもらった後に、初めて自社のサービスの提案をする、というプロセスを徹底的に追求していたのです。

「憑依＝相手の目から世の中を見る」という温度感

ここで、「先方憑依」というフレーズ名の意味合いを噛みしめてもらえるとうれしいです。ただ相手の立場で考えるだけではなく、自分という存在が相手の身体の中に入り、この世の中を相手の目から見ている……そういう温度感で考えるのです。「自分」という存在を消し去り、すべて「相手」の目から考えてみる。その感覚から考えられた課題感や打ち手は、「なんとかしてうまくやれないかな……」と自分目線で考えているときに比べて、数十倍の切れ味を誇るものになります。

フレーズとしては「相手の立場で考える」ですが、温度感としては「相手に憑依し、相手になりきって考え、感じる」。これが習慣づいてくると、プライベートでもビジネスでも、相手が感動して「あなたに相談してよかった！」と涙するようなコミュニケーションが取れるようになります。

ぜひ「相手の立場で考えると」を口グセに、一段上の説明力を身につけてください。

NG 損する説明

こちらのサービス、20%引きができるのが今月末までとなっており、ぜひご購入の決断をいただけますと幸いです！

OK 得する説明

お客さまの立場で考えると、20%引きでもご予算的には難しいですよね。トライアルで2カ月無料でお使いいただき、それでご満足いただいたら来期の予算でのご購入を検討いただく、という形をおすすめしたいのですが、いかがでしょうか？

一点撃破（行動特化バージョン）

36

やるべきことを1つだけ挙げるとすると

実はかなり似ているフレーズが今までにも出てきています。そう、**一点撃破「今日は○○についてのみ、お話ししたいと思います」**です。これは短時間ミーティングの際、自分が伝えたいことを明確に伝えるために使えるフレーズでした。

ここでお伝えしたいフレーズは、この一点撃破と似ていますが、さらに「行動に特化したバージョン」と考えていただければよいと思います。

そもそもですが、何かしらの説明をする際、「ただ理解してもらうだけでOK」というケースは全体の2割にもなりません。8割以上は、「何かしらの行動を起こしてもらうこと」が目的になります。

会社説明会だったら、「会社に興味を持ってもらったうえでエントリーシートを提出する」という行動をしてほしいですし、営業だったらシンプルに購入してほしいわけですし、告白だったら「付き合ってもいいですよ」というOKをもらいたいわけです。

いくら説明がわかりやすかろうが、その行動につながらなければ、その説明は残念ながら「失敗」になります。その失敗確率を下げる＝一番してほしい行動をしてもらう際に効果ばつぐん！なのが、この**「一点撃破（行動特化バージョン）」**フレーズ**「や**

るべきことを1つだけ挙げるとすると」です。

「あれもこれもやって！」よりも効果が高い

現職のデンタルケア企業ではデータの一元管理やダッシュボード化がしっかりなされているため、「あーウェブサイトからの無料診断の割合をもっと上げたいな、そこからのクリニック訪問率もまだグローバルと比較すると低いし、キャンセル率はそこそこだけどまだ高い、あーあれもこれも……」となってしまいがちです。

ただ、そのような指示をメンバーにしてしまったら、混乱してどれも中途半端になってしまうか、最悪「他のことを優先してしまってやっていませんでした」となってしまいます。

そうならないために、週次のミーティングで「今週やるべきことを1つだけ挙げ、それについて確実にやり切りましょう！」とお願いしています。そのほうが、あれもこれもと頼むよりも結果が出やすいんですよね。

もちろん、やるべきことリストはしっかり作っておくべきですが、人は基本的にマルチタスクは苦手です。苦手なことを無理やりお願いするのではなく、「まずはこれだけやろう！」と明確にし、自分だけでなくメンバー全体の生産性を上げる動きができるようになると、より頼れるスーパー人材となっていきます。

本当に重要なことを1つだけに絞り、「やるべきことを1つだけ挙げるとすると」で行動特化しちゃいましょう。

NG　損する説明

現在の事業の課題はいろいろあると思います。プランに合わせた採用も必要ですし、知名度もまだまだ低いです。来店者数も多くないですし、そこからの売上もあまり上がっていません。社員のモチベーション管理も重要になってくる気がしています。

OK 得する説明

現在の事業の課題はいろいろありますが、やるべきことを1つだけ挙げるとすると、「顧客1人当たりの売上単価向上」だと考えています。なぜなら……。

極端想定

37

最高のケースとしては〜、最悪の場合は〜

「将来のことなんかどうなるかわかんないんだから、とりあえずやってみようぜ！」というノリ、個人的に嫌いじゃない（むしろ好き）です。私自身、「透明マウスピース矯正という新しいサービスを日本に導入&拡大していく」というミッションを完遂するためには、とにかくいろんなトライアルをすることが大事です。

とはいえ、すべてのケースで「とりあえずやってみようぜ！」でいいかというと、そんなことはありません。規模が大きめの施策の場合、「いやいや、これミスったらウン千万円とかウン億円とかの損害になるんだから」とあえなく却下されてしまうでしょう。

そういうデカめの提案でもしっかり通せるようになってこそ「説明力あるぜ？」とドヤれるというもの。そのためのツールとして、この**「極端想定」**フレーズがおすすめです。

人はそもそも、「振れ幅がわかると安心する」という習性を持っています。**極端想定「最高のケースとしてはこうなりますし、最悪の場合はこうなります」**を提供した場合、聞き手としては「あー、最悪でもこのぐらいで、うまくいったらこんなになるのか。だったらなんとかなるな！」とGOサインを出しやすくなるのです。

私は日々の社長業以外にも、会社のPRを担当しています。会社のことをテレビや新聞、ウェブサイトなどの媒体に取り上げていただく仕事ですね。

私は基本的に人見知りなのですが、いろんな手段を用いてコンタクトし、なんとか取り上げていただこうと頑張っています。しっかりやるといい形で自社のことを知っていただけるので、知り合いの経営者の方々にもPRに力を入れるといいよとお伝えしているのですが、その際によくこの極端想定を使っています。

「最高のケースとしては、有名なメディアに好意的に取り上げてもらえて、一気に問い合わせの数が増えるよ。最悪の場合でも、無視されてメールや電話の時間がムダになっちゃうだけ。だったらやってみてもいいんじゃない？」

このように両側面をうまく伝えられると、「確かに！　それじゃ、いっちょうやってみるか！」となるのです。

「最悪の場合」は常識的範囲内に抑えておくのがコツ

極端想定は、どんな提案でも2～3倍は通しやすくなる魔法のツールですが、1つだけ注意点があります。それは、「〝最悪の場合〟をガチガチのワーストレベルにしないこと」です。

もし何かしらの提案をするときに、上司に「最悪の場合、会社に3億円の損害を与えますし、あなたも責任を取らされ、クビどころか民事訴訟を起こされるリスクを負います」となったら、さすがに上司も引いちゃいますよね。

提案前に、「本当に悪い状態になっても、聞き手が〝まーそのぐらいならいいか〟となるレベルに抑えられているか？」というのは確認したいところです。

NG　損する説明

とりあえずこのYouTuberさんにPR動画作成を依頼してみましょう!

OK 得する説明

最高のケースとしては、彼に取り上げられることで連鎖的に他のクリエイターも取り上げてくれ、劇的に知名度を向上させることができます。最悪の場合、50万円ほど失ってしまいますが、トライアルとして考えると許容できるリスクかなと思います。

100パー同意

38

まさにおっしゃる通りです

今まで「説明力を上げるためのフレーズ」をいろいろと紹介してきましたが、逆に「説明が通らなくなるフレーズ（というか態度）」もあります。それは、「否定フレーズ」です。

常に「いや、それは違っていて」「でも」「それはそうなんですが」みたいなやつ。特に「でも」は口グセになっちゃってる人、多いんですよね。

このようなフレーズを言ってしまうと、相手からすると「あ、この人、否定してくるな」「否定してくるんだったら、その人の意見にこっちが賛同する必要もないな」「却下」というように無意識下で思ってしまうのです。

「インフルエンサーを活用したマーケティング、うまくいったら革命的だよね」
「でも、まだ勝ち筋は明確になっていないよね」

「仙台エリアの売上、このままだと過去最高になるね！」
「まあね、でも北海道がイマイチだから東北全体だと去年とトントンぐらいじゃん」

みたいなコミュニケーション。これをやっちゃうと、「なんか絡みづらいな」と思われ、毎回の発言も通りづらくなり、じわじわと「説明がうまくいかない人」になってしまいます。

聞き手のコメントに合わせて全力100パー同意

それと逆の、「この人が言うことならどんどん通しちゃおう！」と自然となってしまう強力なフレーズ、それが今回紹介させていただく**「100パー同意」**です。

たとえば、こちら側の説明が終わる、もしくは一息ついたタイミングで、聞き手側から「私はこう思うんだが、どうだろうか？」という質問&コメントが飛んできたとします。

そんなときは、100パー同意**「まさにおっしゃる通りです！」**と全力で同意しましょう。もちろん、場合によっては「いやいやそれはこうなんだよ」と訂正したいケースもありますが、それでもまずは「100パー同意」しましょう。そうしてから、「追加で補足させていただくと」という形でコメントすれば、内容は同じでも与える印象がまったく変わります。

想像してみてほしいのですが、「いやほんとおっしゃる通りなんですよ！」と心の底から同意してくれる人がいたら、その人のこと、シンプルに好きになりませんか？好きになった人が言うことであれば「おそらくこの人の提案もいいものなんだろうな」とよい意味でバイアスがかかり、説明が通りやすくなるのです。

説明は一方的なものではなく、話し手と聞き手がコミュニケーションを取っていく中で「なるほどね」「よし、やってみようか」となるものです。

「うまく話す、わかりやすく話す」というのももちろん大事なのですが、〝相手に好感を持ってもらう〟というのも説明上手になるためには欠かせないスキルです。それをシンプルに、どんなときでも再現性を持ってアプローチできる「１００パー同意」、すごくおすすめです。

NG 損する説明

（「外資系企業の日本法人経営者って、結局中間管理職ですよね」という発言に対して）

いや、確かにそういう側面はなくもないんですが……。

OK 得する説明

（「外資系企業の日本法人経営者って、結局中間管理職ですよね」という発言に対して）

まさにおっしゃる通りなんですよ！

ちょっとコメント

39

あえて少しだけ補足させてください

「メインスピーカー」って視野が狭くなりがちです。特に、多人数を相手にしたプレゼンテーションとか、はじめてのお客さまがずらっと並んでいるとき、「とにかくちゃんと伝えなければ！」という意識が強まってしまいます。

そうやって一生懸命モードになってしまうと、聞き手が少し物足りない顔をしていたり、「?」とはてなマークが出ていることに気づかず、ちょっと微妙な雰囲気のまま話が進んでいきがちです。

そんな微妙な雰囲気を断ち切るため、上司、もしくは部下、もしくは同僚であるあなたは「なんとかして助け舟を出してあげたい」、そう思うことでしょう。

ただ、ここの助け舟の出し方には「コツ」があります。メインスピーカーの人が頑張って話しているのに、「実は彼、こういう大事なポイントを言い忘れていまして」みたいにカットインしたら、話し手はもちろんムッとしますし、聞き手もあんまりいい気持ちはしません。

うまく助け舟を出しながらも、メインスピーカーには「ありがとう……」と感動してもらえ、聞き手にも「おお、聞きたかったことが聞けた！」と喜んでもらえるフレーズ、それがこの**ちょっとコメント「あえて少しだけ補足させてください」**なのです。

「完璧なんだけど、あえて、ちょっとだけ……ね？」という感覚

使用シーンとしては、「お客さまに自社のサービス概要や他社との比較、過去のお客さまの声などを紹介して〝いったん終わりです〟みたいな感じになったとき」などですね。

これで終わると、聞き手としては「あれ、実際に私たちが使った場合、どんなふうになるの？」という疑問が生まれます。誰しも一番大事なのは「自分のこと」なので、「自分が使ったらどうなるのか」は外してはいけないポイントです。

このタイミングで「あえて少しだけ補足させてください」と入っていき、**「このサービスをA社さんが使った場合、データ統合と一元化がラクになるだけではなく、現在のB事業の弱点が日次でわかるようになり、毎日の仕事のクオリティが一**

気に向上する、という効果が見込めます」

みたいなコメントをするのです。話し手のコメントを全肯定しつつ、かつ聞き手が本当に知りたかったポイントに触れていく。そうすることで両者からの信頼を得ることができます。

自分で使うというよりも、他にメインスピーカーがいるときのサポートとして使うちょっとニッチなフレーズですが、全体の説明のクオリティを一気に上げることができる便利なものなので、積極的に使ってみてください。

NG 損する説明

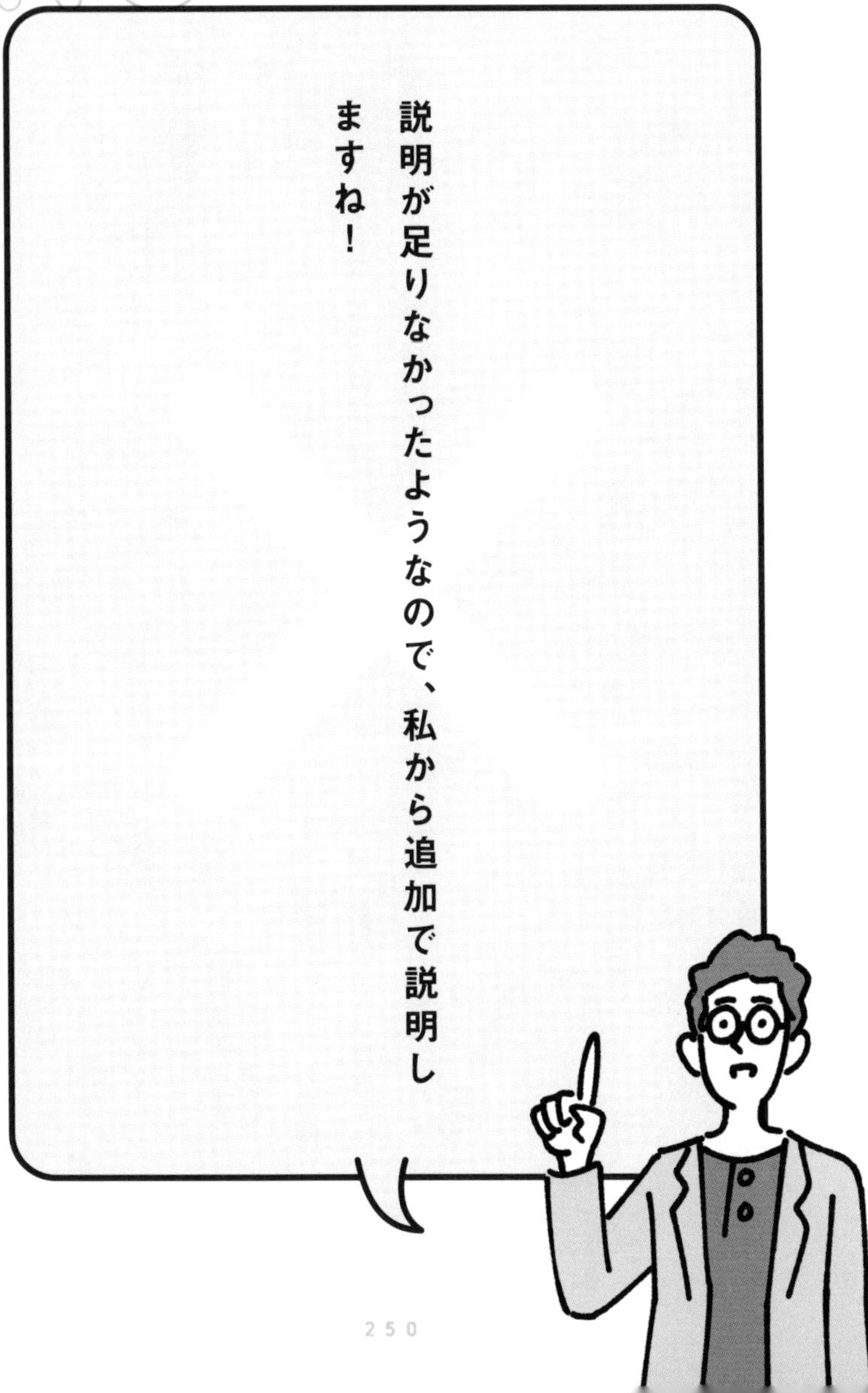
説明が足りなかったようなので、私から追加で説明しますね！

OK 得する説明

Aさんの説明は完璧なのですが、あえて少しだけ補足させてください。

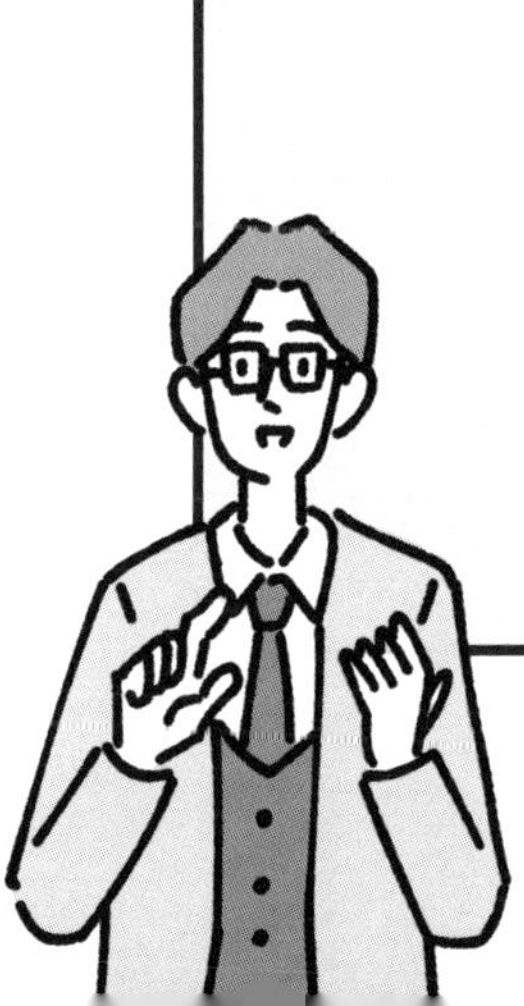

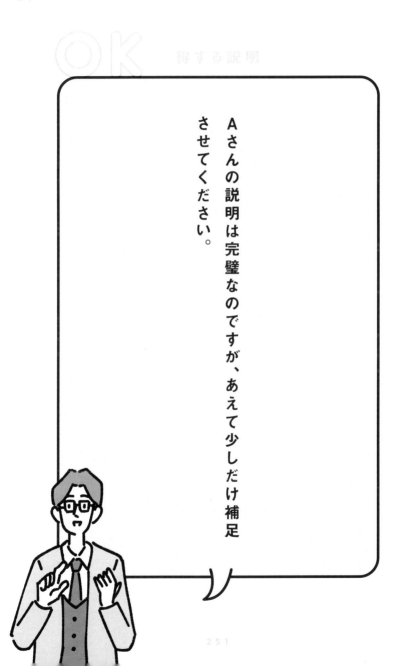

意図要約

40

ご質問の意図としては、
○○ということで
よろしいでしょうか？

講演とかトレーニング、社内向けプレゼンテーション、社外向け営業など、「説明」が必要になるタイミングはいろいろとあります。

本編をしっかりわかりやすく説明しきることはもちろん大事ですし、今までお伝えしたフレーズを意識的に入れ込み、かつそれを使うクセがついてくれば、「説明がわかりやすい人」という強力なポジショニングを取ることができます。

一方、忘れてはならないポイントが1つ。それは、本編の説明が終わった後の「質疑応答」、外資系やスタートアップだと「Q＆Aセッション」と呼ばれるヤツです。

本編の説明に関して、もしくはそれに関していないことでも、参加者の方々が「こういう場合はどうするの？」「でも、私の過去の経験では……」みたいに質問なりコメントなりをたくさんしてくださるアレです。

質問者が、今回みなさんにお伝えしているようなフレーズを使い、とってもわかりやすく質問＆コメントしてくれればいいのですが、残念ながらそんなラッキーはあまりありません。「結局何が聞きたいんだ？」「それってあなたの感想ですよね」となるパターンが9割を占めます。

そのようなとき、相手の心証を害さず、かつクールな返答っぽくなるフレーズがこの**意図要約「ご質問の意図としては、〇〇ということでよろしいでしょうか？」**です。

質問者の発言の背景、および目的を簡潔にまとめ、自分にとっても答えやすい形で編集しなおせる、質疑応答の際には必須と言っても過言ではないフレーズです。

相手目線を強く意識し、聴く力を向上する訓練にもなる！

意図要約をすることで、質問者はあなたに対して「いやー、この人よくわかってるな！」というポジティブな感情を抱くことになりますし、他の参加者の方たちからも「よくわからない質問をわかりやすくまとめ、適切に返答するとは！」という高い評価を得ることができます。

さらに、個人的にめちゃくちゃデカいと思うのは、このフレーズを常に使い続けることで、「相手目線を強く意識し、聴く力を向上する訓練にもなる」というポイントです。

質問の背景や意図を正確に把握し、かつそれをわかりやすい形で編集しなおすには、質問者がどのような立場の人なのか、なぜそのような質問をされているのか、どのような回答を返すべきなのか、それを短い時間で把握する必要があります。

そのため、質問者の発言を全身全霊で集中して聴くようになり、その姿勢、態度は必ずその場にいる全員に伝わり、「わかりやすいだけでなく真摯な人だな」と思っていただけるようになるのです。もちろん、外面だけではなく、実際の聴く力もどんどん向上していきます。

NG 損する説明

（「この本を読めば、すぐに説明力がつきますか？」という質問に対して）

いや、1回さらっと読むだけで説明スキルが上がるはずないじゃないですか。

（「この本を読めば、すぐに説明力がつきますか？」という質問に対して）

ご質問の意図としては、「この本を活用して説明スキルを上げる最短ルートを知りたい」ということでよろしいでしょうか？

おわりに

説明で人生が一気に変わる——これは、私の偽らざる本音です。

新卒でコンサルティングファームに入ったものの、まったく戦力にならずに苦しみ続けていたとき、その状況を改善するため、私はありとあらゆることを試みました。仕事へのマインドセットや論理的思考を身につけるための読書、ファイナンスやITに関する資格取得、英語の勉強などなど、「なんとかこの苦しみから脱したい」という気持ちを原動力に、時間もお金も使ってきました。それらの努力はもちろんある程度報われましたが、私の人生を一気に変えてくれたのは**「得する説明の体系化、およびその実践」**でした。

なぜ**「得する説明」**により他の人からの評価や仕事のクオリティが一気に上がり、人生を一変させるまでの効果が得られるのか。それは、「説明」という行為が、日々の仕事の5割から8割を占めているからです。

チャットツールでの会話、社内のオンラインミーティング、クライアント先でのプレゼンテーション、上司への相談や報告、資料の作成、これらは大きなくくりではすべて「説明」になります。

得する説明をしている人は、すでに相手に伝わりやすいキラーフレーズを自然と使いこなしています。それだけで、スムーズに、かつ他の人から高い評価を得ながら仕事を進めていくことができるのです。

『得する説明 損する説明』には、「自分が説明下手で、仕事に苦しんでいた当時に欲しかった要素」をすべて詰め込みました。難しい理論や背景説明はいっさい省き、「キラーフレーズの紹介」および「実践方法」のみに主眼を置き、これを読んでくださっているみなさんが今この瞬間から使えるようにしました。「これはすぐに使えそう！」とピンときたものから、どんどん使ってもらい、人生を一気に変えるきっかけにしてもらえれば、著者として、これ以上の幸せはありません。

私自身、何かすごい強みがあるかと問われると、正直、今でも悩みます。他を圧倒する地頭の良さがあるわけでもないですし、帰国子女で英語がペラペラなわけでもありません。世界を一変させるプロダクトを作るプログラミングスキルもありません。

そのような唯一無二の強みがない私でも、「得する説明」のおかげで、多くの人から頼られ、毎日の仕事をイキイキと楽しくこなせるようになれました。

難しいことを考えず、この本を片手にキラーフレーズの学習と実践、それだけ始めてみてください。そうすることで、わかりやすい説明ができるようになり、周りからの評価がどんどん高まり、さらにやりがいのある仕事が回ってくる、そんな最高サイクルにスッと入ることができます。

もし実践の途中で悩んだり、質問があったら、いつでも私のメールアドレス、もしくはツイッターアカウントまで、お気軽にご連絡ください。もちろん、本書の感想等も大歓迎です！

ここまで読んでくださって本当にありがとうございます。日本中の説明に悩むみなさんが、「得する説明」を体得し、人生を一変させることを心から願っています。

伊藤　祐

著者略歴

伊藤 祐（いとう・たすく）

大学卒業後、外資系コンサルティングファームであるアクセンチュア株式会社に入社。周りの人の優秀さや求められる仕事のレベルの高さに圧倒されてしまい、一時は退職を真剣に考えるところまで追い詰められるも、シンガポールやフィリピンでの海外プロジェクト勤務を機に心機一転。スムーズな仕事の進め方やお客さま、上司への説明方法などについて独自の仕事術を考案、実践し、評価を一変させる。2016年にフロスト&サリバンジャパン株式会社に転職。シニアマネージャーとして各種コンサルティングプロジェクトのリード、セールス、コンサルタントトレーニング等に従事。2019年にはOYO Hotels Japan合同会社（現Tabist株式会社）に転職し、戦略企画室長として全社／営業戦略の策定および推進、社内オペレーション改善等を主導。現在はシンガポール発の歯科製品ブランド「Zenyum」の日本法人、株式会社Zenyum Japanの代表取締役社長兼CEOとして日本でのビジネス拡大を主導。

e-mail：tasuku.ito0924@gmail.com
Twitter：https://twitter.com/TasukuIto5

得《とく》する説明《せつめい》 損《そん》する説明《せつめい》

できる人《ひと》の話《はな》し方《かた》、その見《み》逃《のが》せない法則《ほうそく》

2023年3月7日　初版第1刷発行

著　者　伊藤 祐
発行者　小川 淳
発行所　SBクリエイティブ株式会社
〒106-0032　東京都港区六本木2-4-5
電話：03-5549-1201（営業部）

ブックデザイン　岩永香穂（MOAI）
イラスト　髙柳浩太郎
D T P　アーティザンカンパニー株式会社
校　正　有限会社ペーパーハウス
編集担当　吉尾太一
印刷・製本　中央精版印刷株式会社

本書をお読みになったご意見・ご感想を
下記URL、またはQRコードよりお寄せください。

https://isbn2.sbcr.jp/17851/

ISBN 978-4-8156-1785-1